Ute und Tilman
Michalski

Das große Ravensburger

Weihnachtsbuch

Ute und Tilman
Michalski

Das große Ravensburger Weihnachtsbuch

Stimmungsvolle Ideen
für das schönste Fest des Jahres

Ravensburger Buchverlag

Im Anhang, ab Seite 123, sind die Anleitungen dieses Buches nach Material, Zeitaufwand und Schwierigkeitsgrad sowie die Rezepte aufgeführt.

Die Deutsche Bibliothek – CIP-Einheitsaufnahme

Ein Titeldatensatz für diese Publikation ist bei Der Deutschen Bibliothek erhältlich.

Die Schreibweise entspricht den Regeln der neuen Rechtschreibung.

4 3 2 1 00 01 02 03

Illustrationen: Tilman Michalski
Fotos: Ute Michalski, S. 117, 118: Andreas Thate
Umschlagkonzeption: Schmieder/Sieblitz
Redaktion: Heike Mayer
Printed in Germany

ISBN 3-473-37354-0

Inhalt

Es ist Advent

Schneeflöckchen, Weißröckchen,
wann kommst du geschneit?
Du wohnst in den Wolken,
dein Weg ist so weit!

Adventspyramiden

Aus dem Erzgebirge kennen wir mehrstöckige Weihnachtspyramiden mit einem zentralen Flügelrad. Angetrieben von der aufsteigenden Warmluft brennender Kerzen setzt sich bei ihnen der ganze weihnachtliche Kosmos hölzerner Figuren in Bewegung. Einfachere Pyramiden, so genannte „Klausenbäume" oder „Paradeiserl", zusammengesteckt aus Äpfeln und Asthölzern, werden in der Adventszeit im Alpenraum aufgestellt. Auf unserer mannshohen Pyramide bilden zwei Kränze die Plattform für alle, die Weihnachten unterwegs sind: Maria und Josef, Hirten, Engel, Frauen, Männer und viele Kinder. Dazwischen warten vier Kerzen darauf, angezündet zu werden.

Große Pyramide
3 lange Haselnussstecken
3 Äste, fingerdick, 50 cm
3 Äste , fingerdick, 30 cm
Blumenwickeldraht oder Gärtnerbast
1 Kranz Ø 55 cm; 1 Kranz Ø 35 cm
Tannengrün
4 Kerzen mit Steckkerzenhalter
1 m rotes Band
Verpackungskarton
Schere
Schaschlikhölzer
Dispersionsfarbe

Große Pyramide

1 Zuerst drei lange, gerade gewachsene Haselnussstecken oben zusammenbinden und unten so auseinander spreizen, dass das Dreibein von alleine stehen kann.

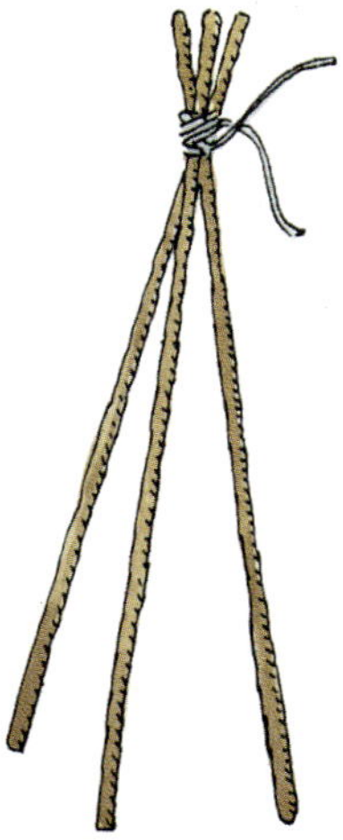

2 Dann drei etwa 50 cm lange Äste zu einem Dreieck verbinden. Auf den überstehenden Ecken wird später der Kranz liegen. Das Dreieck von oben über das Dreibein stülpen und die Ecken an den Haselstecken fixieren.

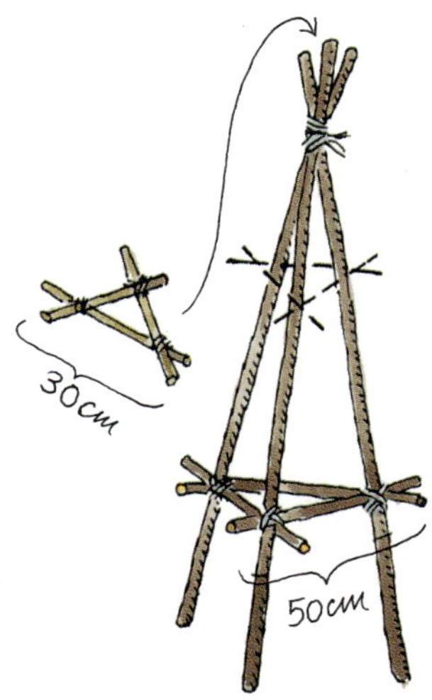

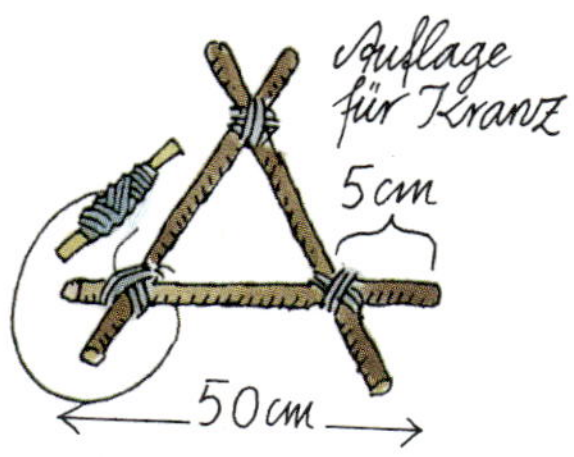

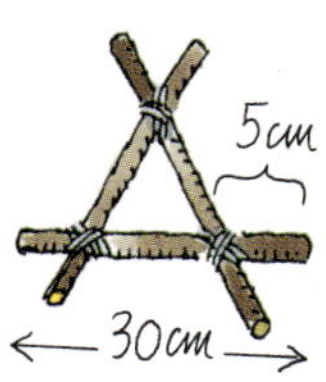

3 Nun ein kleineres Dreieck herstellen (Äste mit ca. 30 cm Länge) und ebenfalls über die Spitze des Dreibeins schieben, bis es fest sitzt und fixiert werden kann. Beide Kränze auf die entsprechende Auflage legen und um die Spitze des Dreibeins Tannengrün winden.

4 Auf Kartonstücke Figuren zeichnen und mit einer spitzen Schere erst grob, dann fein ausschneiden.

5 Jede Figur auf ein Schaschlikholz stecken und mit Dispersionsfarbe bemalen. Nach dem Trocknen in einen der Kränze stecken.

Paradeiserl

Sechs Stecken, drei ca. 24 cm lang, drei ca. 14 cm lang, an den Enden schlank zuspitzen. Mit dünnen Folienpapier-Streifen umwickeln, die Enden dabei ankleben.
Drei Äpfel mit den kurzen Stecken zu einem Dreieck verbinden. Je einen langen Stecken oben neben die Blütenmulde bohren und die drei Stecken zusammen in den vierten Apfel stecken. Knetwachs in die Blütenmulden drücken und rote Kerzen aufsetzen.

Paradeiserl
6 gerade, fingerdicke Stecken
Taschenmesser
Schere
Folienpapier
Kleber
4 Äpfel
4 rote Baumkerzen
Knetwachs

Kürbisnacht

Einen schönen Sommer lang ist der große Kürbis im Gemüsegarten gereift. Im September wurde er geerntet. An einer sonnenbeschienenen Wand des Holzschuppens ist er zwei bis drei Wochen nachgereift und seine Schale dabei noch fester geworden.
Dann kam er zwei Monate zur Lagerung in den dunklen Keller. Doch jetzt ist es so weit: Er darf endlich weihnachtlich leuchten, mit flackernden Sternen und Kometenschweif.

Aus seinem Fruchtfleisch gibt es zum Abendessen warme Kürbissuppe und zum Frühstück die gute Kürbismarmelade.

Kürbislicht

1 Mit einem großen Messer wird die Oberseite des Kürbis gekappt und das Fruchtfleisch im Inneren zerkleinert.

2 Mit einem Suppenlöffel herausholen und die Innenwände der Frucht daumendick abschaben.

3 Auf die Außenhaut mit Filzstift die Formen und Muster zeichnen und mit dem spitzem Messer ausschneiden.

Kürbislicht
Kürbis
großes Messer
kleines spitzes Messer
Suppenlöffel
Filzstift
Stumpenkerze

Kürbissuppe mit Sternchen

600 g Kürbisfleisch
2 mittelgroße Kartoffeln
1 EL Butterschmalz
1 Rote Beete, gekocht
4 Stängel Petersilie
1 l Hühnerbrühe
Salz
frisch gemahlener weißer Pfeffer
1 TL geriebener Ingwer
pro Teller 1 EL saure Sahne

1 Kürbisfleisch und geschälte Kartoffeln klein schneiden und in Butterschmalz andünsten.
Mit Hühnerbrühe löschen und etwa fünfzehn Minuten köcheln lassen. Topf vom Herd nehmen und die Suppe mit einem elektrischen Küchenquirl pürieren.

2 Mit Salz, Pfeffer und Ingwer abschmecken und im Teller mit Petersilie, saurer Sahne und kleinen Sternchen – ausgestochen aus dünnen Scheiben Roter Beete – servieren.

Tipp:
Am 31.10. ist Halloween. Die Kürbisideen eignen sich auch gut für eine Party rund um diesen Tag. Dazu schneidet man statt der Sterne Augen, Nase und Mund in den Kürbis, sodass ein Gesicht entsteht.
Im Fenster oder neben dem Eingang begrüßt dann das Kürbisgespenst die Gäste.

Kürbis-Orangen-Marmelade

1 kg Kürbisfleisch
6 ungespritzte Orangen
500 g Gelierzucker „2:1"

1 Das Kürbisfleisch entkernen und im Mixer musartig zerkleinern. Von drei Orangen die Haut dünn schälen und in kleine Würfel schneiden. In etwas Wasser ca. fünf Minuten weich kochen. Alle sechs Orangen auspressen und den Saft mit dem Kürbismus, den Orangenschalenwürfeln und dem Gelierzucker vermischen.

2 Die Masse lässt man über Nacht ziehen, dann wird sie unter ständigem Rühren zum Kochen gebracht.
Vier Minuten lang sollte die Marmelade sprudelnd kochen, bevor sie in heiß ausgespülte Gläser gefüllt und sofort verschlossen wird. Ein liebevoll gemaltes Etikett schmückt das Marmeladenglas und erfreut jede Naschkatze.

Kleine Kürbisdosen

Mit Zeitungspapier und Kleister lässt sich die Form von einem Kürbis gut abnehmen. Das Stängelstück wird dazu vorher abgetrennt.

1 Den Kürbis in Alufolie wickeln und die Folie glatt streichen.

2 Kleistergetränkte Zeitungsstücke überlappend, ca. drei Lagen stark, darauf kaschieren.

3 Aus Zeitungspapier ein kurzes, kräftiges Stängelstück rollen und mit Zeitungsstücken und Kleister ankleben.

4 Nach etwa zwei Tagen ist das Papier trocken und der Dosendeckel kann mit einem Cutter eingeschnitten werden. Der Einschnitt einer Lasche verhindert später ein Abrutschen des Deckels.

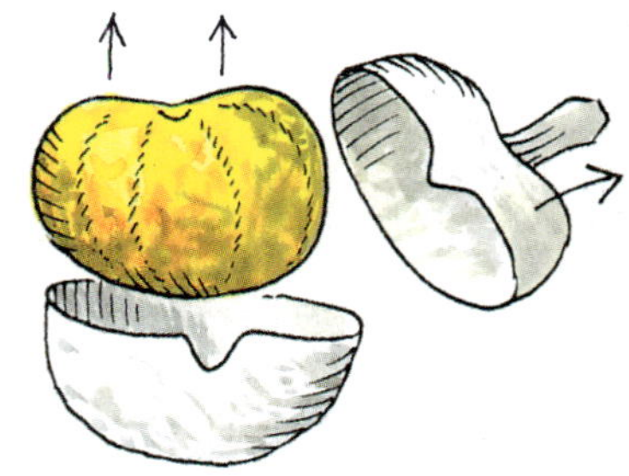

5 Den Kürbis aus der Papierform nehmen. Er sollte bald verarbeitet werden, da seine Haut durch das Cuttermesser meist verletzt worden ist.

6 Dose und Deckel innen und außen mit weißer Dispersionsfarbe grundieren. Mit farbiger Dispersionsfarbe außen bemalen, anschließend mit Mattlack einen seidigen Überzug darüber sprühen.

Kürbisdosen
Kürbis
Zeitungspapier
Kleister
Cutter
Dispersionsfarben
Sprühfilm, matt

Weihnachtsvögel sammeln sich

Jeden Tag im Dezember kommt ein neuer Vogel dazu. Wenn es vierundzwanzig sind, fliegen sie auf und davon und schmücken den Christbaum.

Klemmvogel

1 Tonpapier in der Mitte falten. Mit Ölkreide einen Vogel zeichnen. Das Bein sollte so breit sein, dass eine Wäscheklammer dahinter unsichtbar bleibt.

2 Vogelhälften aufklappen und Innenseiten mit Kleber bestreichen. Wäscheklammer und Federn auflegen und zwischen beide Vogelhälften pressen.

Klemmvogel
Wäscheklammer aus Holz
Tonpapier DIN A 4
Ölkreiden
Federn
Holzleim
Schere

Weihnachtskakteen

Kakteen, die anspruchslosen, wundersamen Säulen- und Kugelgewächse aus den Halbwüsten Amerikas, beglücken als Topfpflanzen auf der Fensterbank viele Liebhaber. In Flaschen-, Schlangen- oder Polsterform mit Scheibengliedern oder Kandelaberarmen haben sie sich seit Urzeiten entwickelt. Unsere Gärtnereien und Blumengeschäfte bieten in der Vorweihnachtszeit den so genannten Weihnachtskaktus an: einen Blattkaktus mit hängenden Gliederarmen, dessen zarte, mehrstufige Trichterblüten zu Weihnachten in verschiedenen Rottönen leuchten. Wir modellieren uns einen aus Kleisterpapier.

Kleisterpapier-Kaktus

1 Zeitungspapierbögen leicht mit Kleister betupfen und locker zusammenknüllen. Die Knäuel werden um ein Rundholz gruppiert, in zwei bis drei Lagen Kleisterpapier gehüllt und in Kakteenform gedrückt. Das Rundholz bleibt unten eine Handbreit frei.

2 In einer Plastikschale Füllspachtel anrühren. Das Loch im Blumentopfboden mit Klebeband abdecken und den Papierkaktus einsetzen. Die Spachtelmasse wird eingefüllt und der Kaktus so lange fest gehalten, bis die Masse anzieht und der Rundstab fest sitzt.

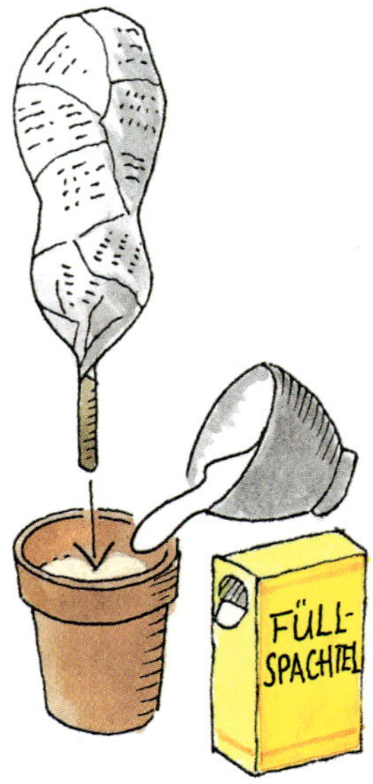

3 Den trockenen Kaktus mit Dispersionsfarbe bemalen. Aus einer Kaffeefiltertüte und dem grün gefärbten Kelch, geschnitten aus einem Eierkarton, bekommt er seine Blüten.

4 Der Rand der Filtertüte wird mit Wasserfarbe bestrichen, anschließend das Mittelstück mit klarem Wasser getränkt. Das Wasser verteilt die Farbe gleichmäßig.

5 Nach dem Trocknen den Falzrand der Tüte abschneiden und das Papier noch zweimal zusammenlegen. Aus dem Rand die Form des Blütenblattes schneiden.

6 Zu einer Spitztüte gedreht, wird die Blüte in den Kartontrichter geklebt und am Kaktus befestigt. Mit Sand die weiße Spachtelmasse abdecken.

Kleisterpapier-Kaktus
Kleister
Zeitungspapier
Rundholz
Blumentopf
Klebeband
Füllspachtel
weiße Kaffeefiltertüte
flüssige Farbe
Eierkarton
Schere
Kleber
Dispersionsfarbe
Sand

Weihnachtsgarten

In bäuerlichen Gegenden war es früher üblich, unter dem Christbaum eine Krippenlandschaft mit Moosen und sprießendem Weizen anzulegen. Adonisgärtchen wurde sie nach einem orientalischen Gott der Natur genannt.

Adonisgärtchen

Für unseren kleinen Krippengarten wird feste Folie in eine Obststeige geklebt. Danach Blumentöpfchen mit Primeln, Hyazinthen, Küchenkräutern und bereits vorgezogenem Weizen um das Krippenhäuschen platzieren und mit Moosen und Steinen abdecken. Wer nicht vergisst zu gießen, wird lange Freude am weihnachtlichen „Frühlingswunder" haben.

Adonisgärtchen
Obststeige, feste Folie
kleine Blumentöpfe mit „Frühblühern" und Kräutern
Schalen oder Töpfe mit Weizensaat
Moose, Steine, Koniferen

Kleine Krippe und Figuren

1 Auf das 8 cm breite Brett werden die zwei schrägen Seitenwände, Boden und Rückwand gezeichnet und mit der Feinsäge abgesägt.

2 Die lasierend bemalten Rück- und Seitenwände um das Bodenbrett kleben, das bemalte Dachbrett – gleichmäßig überstehend – darüber.

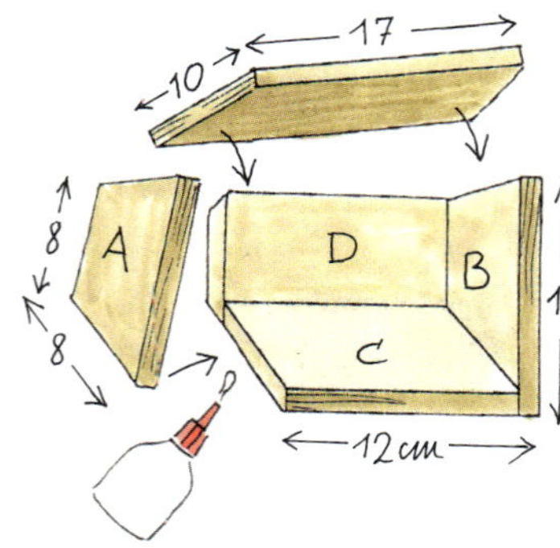

3 Maria und Josef mit dem Kind auf das Sperrholz zeichnen und aussägen. Damit die Figurengruppe aufgestellt werden kann und nicht kippt, rückwärts ein kleines Leistenstück ankleben. Anschließend die Figuren mit Dispersionsfarbe bemalen.

Krippe und Figuren
Bleistift, Winkel
Brett 44 x 8 x 1,2 cm
Brett 17 x 10 x 1,2 cm
Sperrholz 9 x 8 x 0,4 cm
Leiste 2 x 2,5 x 0,5 cm
Laub- und Feinsäge
Holzleim
Raspel, Feile
Dispersionsfarbe

Weihnachtsnarzissen

Wer Weihnachten selbst gezogene, winterfeste Zwiebelblumen verschenken möchte, sollte mit der Vorzucht rechtzeitig beginnen. Während Krokus-, Hyazinthen- oder Tulpenzwiebeln nach dem Einpflanzen feucht gehalten sechs bis acht Wochen an einem kühlen Ort wurzeln müssen, darf die Zwiebel der kräftig duftenden Tazetten-Narzisse gleich in das warme Zimmer kommen.
Schon im Herbst werden Zwiebeln in Samenhandlungen und Gartencentern für die Zimmerkultur angeboten.
Sie können in alle Gefäße mit einem Wasserablauf gepflanzt werden, auch in flache Schalen. Unter den Zwiebeln sollte für die Wurzeln noch Raum von ca. 5 cm sein. Außer Erde mögen sie auch Kieselsteine. Unsere Töpfe sind bis zur Hälfte damit gefüllt, darüber liegt eine Mischung aus Erde und Sand. Die Zwiebelspitzen sollten noch etwas hervorragen.

Weißröckchen im Zweig

Ein Spruch lautet: „Zweige schneiden zu St. Barbara, Blüten sind bis Weihnacht da!“ Am 4. Dezember ist der Namenstag der heiligen Barbara. Wer sich am St.-Barbara-Tag Kirschzweige ins Haus holt, sollte sie über Nacht ins lauwarme Wasser legen und die Schnittstelle mit einem Hammer breit klopfen, bevor er die Zweige in eine Vase stellt. Wird das Wasser jeden dritten Tag ausgewechselt und die Zweige in Fensternähe gestellt, darf man sich zu Weihnachten auf eine Blütenpracht freuen. Bis es so weit ist, kann man Schneeflöckchen und Schneesterne mit Nylonfäden in die kahlen Äste hängen.

Schneeflöckchen

1 Für das Schneeflöckchen wird eine runde Papierscheibe halbiert, zu einem Kegel zusammengeklebt und mit Glimmer wie mit Glitzerschnee betupft.

2 Einen Nylonfaden an eine Perle knoten und durch die Spitze des Kegels führen.

3 Darauf fädelt man eine Wattekugel, bemalt sie mit einem Gesicht, klebt darüber Wattehaare – fertig ist „Schneeflöckchen, Weißröckchen“.

Schneeflöckchen
Schreibmaschinenpapier
Glimmer
Watteböllchen
rosa Watte
Perle, Kleber
Filzstifte
Nylonfaden

Schneestern

Schneesterne sind Eiskristalle, die sich in den Wolken in großer Höhe gebildet haben. Unter der Lupe betrachtet, zeigt sich, dass sie sehr unterschiedlich gezackt sind – aber immer sechs Arme haben. Wir schneiden den Schneestern aus einer Papierscheibe.

1 Dazu aus einem Bogen Schreibmaschinenpapier ein Quadrat schneiden und wie ein Taschentuch zusammenlegen. Die Schnittkanten zu einem Viertelkreis rund schneiden.

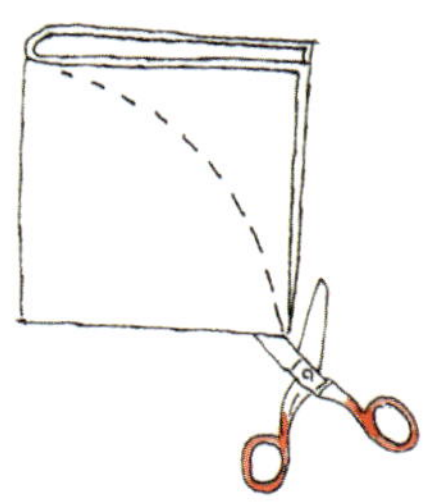

2 Den Viertelkreis wie eine Torte dritteln: Eine Seite wird nach vorne gefalzt, die andere Seite nach rückwärts.

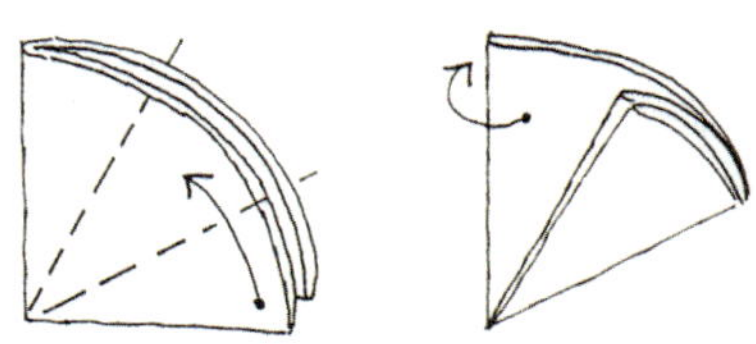

3 Eine Ecke abschneiden, damit sechs Arme entstehen.

4 Nun können Zacken eingeschnitten werden. Die untere Kante dabei nicht einschneiden.

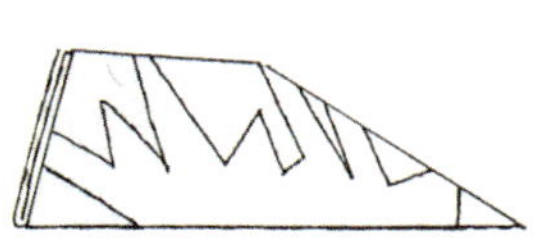

Auseinander gefaltet sieht unser Beispiel so aus:

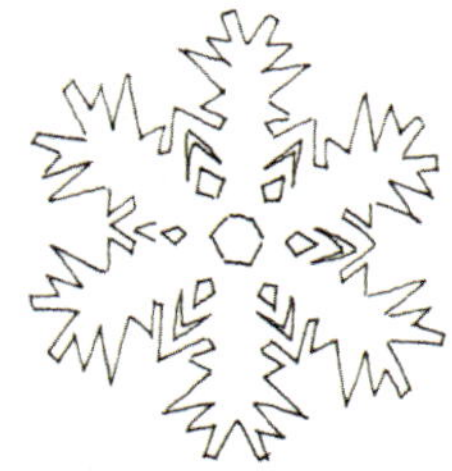

Schneestern
Schreibmaschinenpapier
spitze Schere
Nylonfaden

Wald- und Wichtelkränze

Im magischen Kreis zwischen Ranken und Ruten wichteln Astholzzwerge sehr wichtig und geheimnisvoll – und das besonders in der Vorweihnachtszeit.
Die Kränze aus Blättern, Früchten und Zweigen sehen wunderschön aus und kosten dabei fast gar nichts. Doch sollte man mit dem Sammeln der Zutaten aus der Natur beizeiten, schon bei einem Spaziergang im Herbst, beginnen.

Wichtel

1 Ein daumendickes, frisch geschnittenes Aststück wird über der kleinen Abzweigung zu einer Zwergenmütze zugespitzt.

2 Überall die Rinde entfernen und dann Gesicht und Mütze bemalen.

3 Zur Aufhängung einen kleinen Nagel in die Mützenspitze klopfen.

Wichtel
Aststück mit Seitentrieb
Taschenmesser
Bügelsäge
Dispersionsfarbe
kleiner Nagel

Waldkranz
6–8 Weidenruten und frische Zweige von Sträuchern
Beeren, Nüsse, Zapfen, getrocknete Blätter usw.
Spule, Gartenschere
Zange mit Seitenschneider
Blumen- und Blumenwickeldraht

Waldkranz

1 Eine Weidenrute wird an ihrem Ende gefasst und mit ihrer Spitze unter sanftem Zug zusammengeführt.

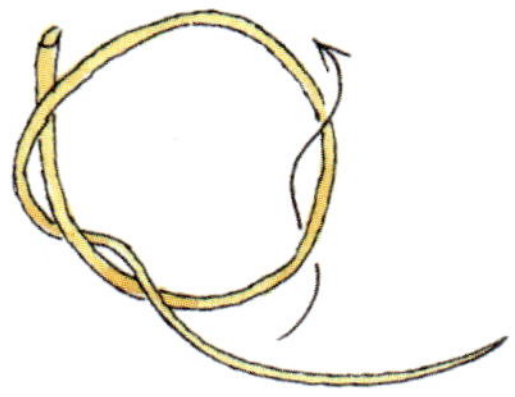

2 Weitere Weidenruten, aber auch Birkenzweige und frisch geschnittene Ruten anderer Hölzer einflechten.

3 Dünne Ruten in luftigen Schlaufen sorgen für größere Fülle des Kranzes.

4 In den Kranz kurze Zweigstücke von immergrünen Blattsträuchern und Nadelhölzern stecken und einflechten.

5 Den grünen Kranz mit Messingdraht umwickeln und dabei in Abständen Zapfen, Beeren, Walnüsse usw. daran befestigen.

Blätterkranz

Für die Blätterkränze wird frisch gefallenes Herbstlaub gesammelt und flach zum Trocknen ausgelegt.

1 Fast trocken, aber noch geschmeidig, werden die Blätter auf Draht gefädelt und eng zusammengeschoben.

2 Ist die gewünschte Kranzgröße erreicht, biegt man die Drahtenden zu Schlaufen und verhakt sie miteinander.

3 Mit Schleifen, Beeren, Nüssen oder bunten Stanniolstücken können die Kränze geschmückt und dann vor die Haustüre gehängt werden.

Blätterkranz
Zaundraht
Zange
Herbstblätter
Schleife

Tipp:
So kann man Walnüsse auffädeln: Mit einem Nagelbohrer in die weiche Stelle des Bodens bohren, bis ein Knackgeräusch zu hören ist. Vom Blumendraht ein ca. 5 cm langes Stück zwicken und zu einer Schlaufe biegen. Die Drahtenden in das Bohrloch schieben, bis nur noch ein kleines Schlaufenstück – genug zum Auffädeln – herausschaut.

Einladung zum Festessen

Die Pension „Amsel, Drossel & Meise“ bittet zu Tisch. Die hübsche Vogeleinkehr bewirtet ihre Wintergäste mit leckeren Körnern, Dörrobst und Nüssen.
Das Vogelhaus wird für Katzen unerreichbar und mit dem Flugloch der Wetterseite abgewandt im Garten oder auf dem Balkon aufgestellt.

Futterherzen und -sterne

1 Um eine herz- oder sternförmige Ausstechform vorsichtig ein Stück Alufolie schlagen – sie darf nicht einreißen!

2 Leicht erwärmtes und flüssig gewordenes Kokosfett wird mit Hirsekörnern, Haferflocken und Sonnenblumenkernen gemischt. Die Mischung unter Rühren etwas abkühlen, dann in die vorbereiteten Formen gießen und verstreichen.

3 Draußen im Schnee oder drinnen im Kühlschrank fest geworden, kann man die Masse aus der Form nehmen und mit Schnur oder Bast zur Aufhängung umwickeln.

Futterherzen
Kokosfett
Sonnenblumenkerne
Haferflocken
Hirse
Ausstechformen
Alufolie
Schnur

Hagebutten-Ketten

Ende September, Anfang Oktober, wenn die Früchte der Heckenrosen noch weich und rot sind, sollte man sie pflücken. Die Hagebutten auf festem Faden zu Ketten auffädeln und ein paar Stunden lang bei schwacher Hitze zum Dörren auf ein Blech in das Backrohr legen.

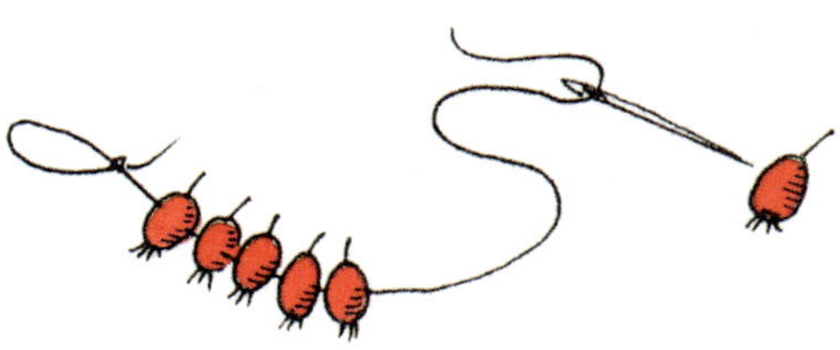

Hagebuttenkette
Hagebutten
Nadel
Faden

Nikolaus kommt

Von drauß, vom Walde komm ich her;
ich muss euch sagen, es weihnachtet sehr.
Allüberall auf den Tannenspitzen
sah ich gold'ne Lichtlein blitzen.

Und auf dem Karussell,
ich hört' es genau,
da singen die Schneemännchen von ihrer Frau.

Willkommen Nikolaus

Um den historischen heiligen Nikolaus ranken sich viele Legenden. Er wirkte gegen Ende des 3., Anfang des 4. Jahrhunderts als Bischof in Myra, im Osten des römischen Reiches, der heutigen Türkei. Es wird von einem mildtätigen Mann aus wohlhabendem Haus berichtet, der bei Armut und Hungersnöten half.
Im Laufe der Zeit wurde Sankt Nikolaus zu dem wichtigsten Schutzpatron der Kinder. Heute kommt er am 6. Dezember im reich verzierten Festgewand eines Bischofs, mit hoher Mitra und Bischofsstab und lobt und ermahnt die Kinder, über die er aus einem goldenen Buch erstaunlich gut Bescheid weiß. Seinen schweren Sack muss er nicht selbst tragen, meist hilft ihm ein Begleiter, der je nach Gegend Krampus, Knecht Ruprecht, Klaubauf oder anders heißt.

Türbild

1 Packpapier in Türgröße auf eine Unterlage (Zeitungspapier, Malerfolie) legen und die Ecken darauf mit Abdeckband fixieren.

2 Zwei Kinder zeichnen mit Tafelkreide eine große Nikolausfigur auf. Alle anderen beteiligen sich beim Mustern des weihnachtlich bestickten Mantels und beim Ausmalen von Figur und Hintergrund. Zu seiner Begrüßung wird der Nikolaus am 6. Dezember an die Tür geklebt.

Türbild
Packpapier
Unterlage
Abdeckband
Kreide
Dispersions- oder Wasserfarbe

Fensterbild

Tagsüber ist der Umriss vom Nikolaus deutlich am Fenster zu erkennen: Mit Stab und Sack stapft er vor Schneewehen durch die blaue Nacht. Wenn es draußen dunkel wird, sind seine Konturen nur noch schwer zu erkennen – dafür funkelt der Bilderrahmen im Lampenschein umso prächtiger.

1 Auf dem Tonpapierbogen mit Bleistift einen Rahmen ziehen. Es geht auch freihändig, ohne Lineal. Rahmenfüllend die Figur auf das Papier zeichnen. Sie sollte mehrere Male an den Rahmen stoßen.

2 Mit spitzer Schere die Räume zwischen Figur und Rahmen ausschneiden.

3 Aus weißem Drachenpapier ein bis zwei Schneewehen reißen und übereinander an den unteren Rand des blauen Drachenpapiers kleben. Nikolaus mit Rahmen darüber kleben.

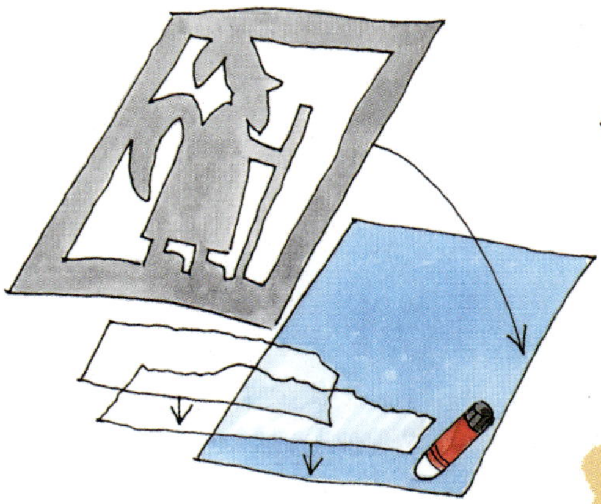

4 Schnipsel aus glitzerndem Folienpapier reißen und den Rahmen damit schmücken. Bild mit Klebefilm am Fenster befestigen.

Fensterbild
1 Bogen schwarzes Tonpapier
1 Bogen blaues Drachenpapier
1 Bogen weißes Drachenpapier
kleine, spitze Schere
Bleistift, Klebestift
Metallfolienpapier (Geschenkpapierreste)

Nikolaus mit Sack und Pack

Nikolaus, Pelzmärtel, Weihnachtsmann, Samiclaus, Santa Claus oder Père Noël – alle schleppen Päckchen und Säckchen. Mit einem Koffer wurde jedenfalls noch keiner gesehen. Unsere kleinen bunten Säckchen aus dünnem Bastelfilz hängen am Vorabend des Nikolaustages an der Türklinke in der Hoffnung, dass sie über Nacht gefüllt werden. Dieses Mal hat es geklappt: Der Nikolaus ist nicht wieder verschwunden, sondern in Form eines gefüllten Mantelsackes samt der kleinen Gabensäckchen am Gartentor hängen geblieben.

Kleine Filzsäckchen

1 Die Filzplatte der Länge nach halbieren (ergibt zwei Filzstreifen für zwei Säckchen). Den Filzstreifen in der Mitte zusammenlegen und fest falzen. Den Filzstreifen aufklappen, oben und unten einen fingerbreiten Saum umkleben.

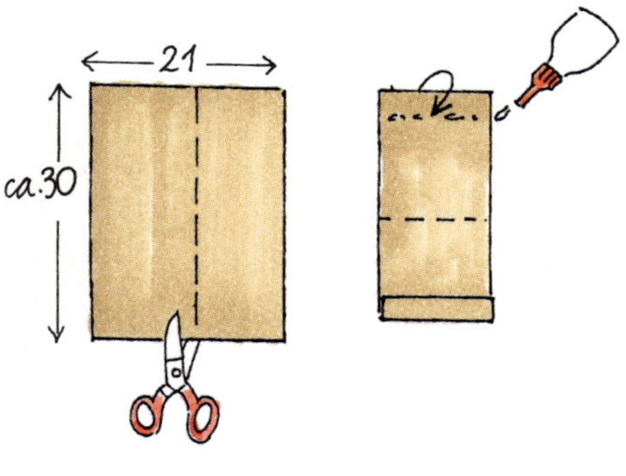

2 Aus Filzresten einfache Formen schneiden und eine Hälfte des Säckchens damit bekleben.

3 Den Streifen wenden und, etwa 3 mm von der Kante entfernt, die Längsseiten mit Leim bestreichen. Die Saumenden bleiben frei von Leim! Den Streifen zu einer Tasche zusammenkleben und anschließend zwischen Papier und einem Bücherstapel pressen.

4 Ist der Holzleim trocken, eine Kordel mit Hilfe einer Sicherheitsnadel durch den Saum ziehen. Die Enden verknoten. Eine zweiter Kordel gegenläufig einziehen; so lässt sich das Säckchen bequem öffnen und schließen.

Filzsäckchen
Filzplatte DIN A4
bunte Filzreste
Schere
Holzleim
rote Kordel
Sicherheitsnadel

Tipp:
Filz klebt man am besten mit Holzleim. Der Leim hinterlässt keine Spuren, wenn er dünn genug aufgetragen und mit dem Finger verstrichen wird.

Filz-Nikolaus

1 Das rote Filztuch in der Mitte teilen (1 + 2). Aus dem weißen Filztuch zwei Streifen schneiden: 12 x 40 cm für den Halsbesatz (A + B). Den Mantelsaum (C + D) bilden zwei Streifen 6 x 40 cm; ebenso lange Streifen für den mittleren Längsbesatz (E) und ein vierter Streifen, der für zwei Ärmelstulpen (F + G) geteilt wird.

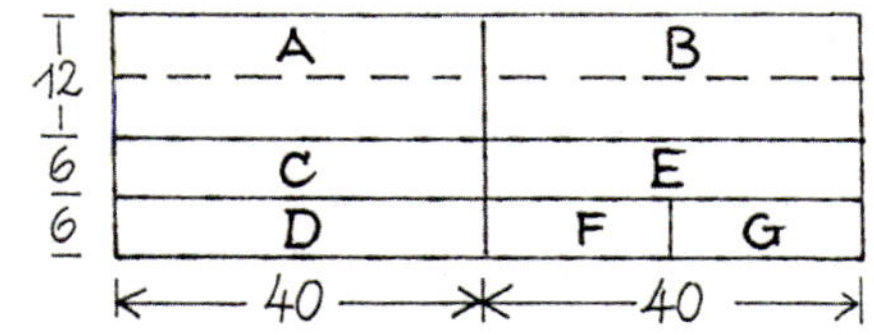

2 Auf das rote Filztuch (1) den weißen Längsbesatz (E) kleben, darüber das Saumstück (C). An die Oberkante des roten Tuches den Halsbesatz (A) kleben, dabei auf der Rück- und Vorderseite je fingerbreit überlappen lassen.

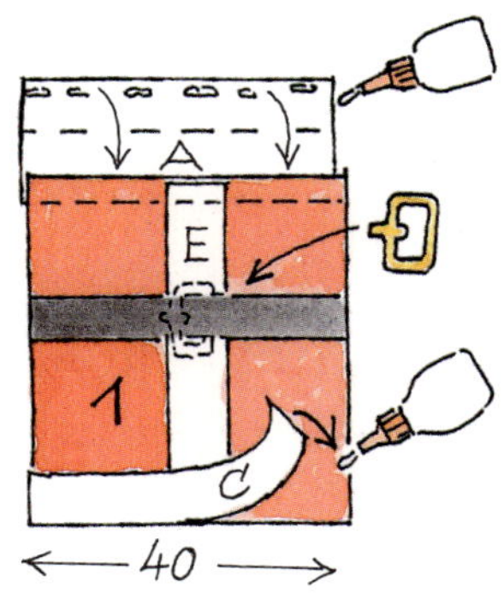

3 Auch auf das Filztuch (2) Halsbesatz (B) und Saum (D) kleben. Entweder einen echten Gürtel benützen oder stattdessen einen 3 cm breiten, schwarzen Filzstreifen mit gelber Filzschnalle aufkleben.

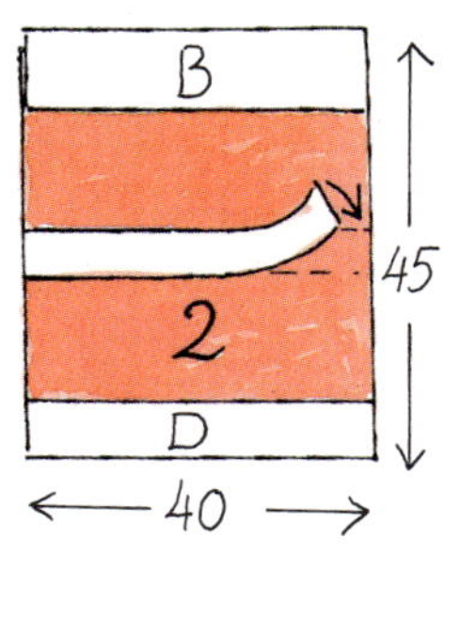

4 Schwarze Filzplatte teilen und aus jeder Hälfte einen Stiefel schneiden. Stiefel am Rand zusammenkleben, wenden und mit Watte ausstopfen.

5 Für den Kordelzug in den Halsbesatz beider Sack-Teile eine Doppelnaht in fingerbreitem Abstand steppen. Beide Teile rechts auf rechts zusammen legen. Unten die Stiefel dazwischenschieben und mit Stecknadeln fixieren. Das Säckchen zusammennähen – oben bleibt es eine Handbreit offen – und wenden. Zwei Kordeln (s. kleines Säckchen) durchziehen.

6 In die Mitte einer roten Filzplatte ein Loch schneiden. Seitlich den Ärmelbesatz (F + G) aufkleben, den Kleiderbügelhaken durch das Loch schieben und die Filzplatte zusammenkleben. Mit Watte gefüllte Kinderhandschuhe an die Bügelenden binden.

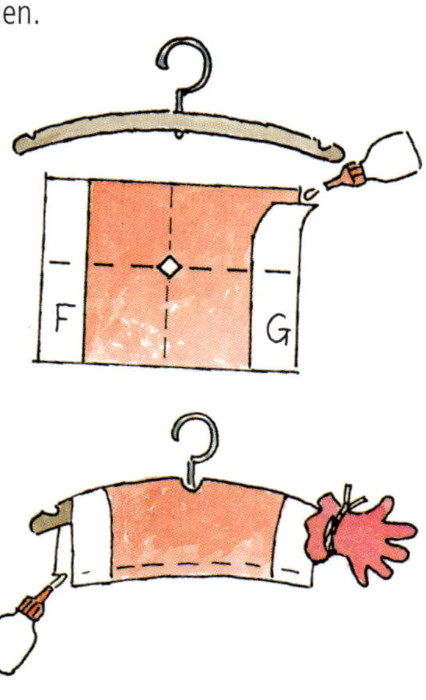

7 Gesicht auf die Pappscheibe malen. Ohren aus Pappe, Wattebart und Augenbrauen aufkleben. Mit Klebeband den Kochlöffel dahinter kleben.

8 Für die Mütze eine 24 x 21 cm große rote Filzplatte zusammenlegen und wie auf der Zeichnung ausschneiden, dann den Besatzstreifen aufkleben. Mit dem Besatz nach innen die Seiten aufeinander kleben. Mütze wenden und Wattebällchen an die Spitze nähen.

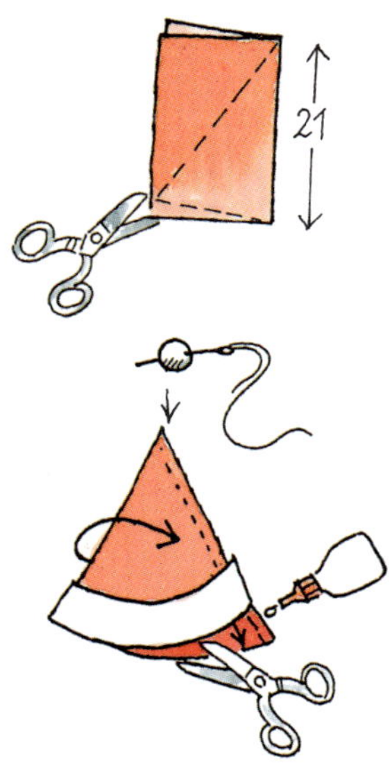

9 Den Mantelsack füllen und die Kleiderbügel-Arme – unter der Kordel – links und rechts in die handbreiten Schlitze des Sackes schieben. Den Sack durch den Kordelzug schließen und von oben den Kochlöffel mit Nikolausgesicht hineinschieben.

Filz-Nikolaus
rotes Filztuch 45 x 80 cm (Mantel)
weißes Filztuch 25 x 80 cm (Besatz)
2 rote Filzplatten, DIN A 4 (Mütze, Ärmel)
schwarze Filzplatte, DIN A 4 (Stiefel)
Filzreste in Weiß, Gelb, Schwarz
Nähmaschine, Schere
Holzleim
rote Kordel (2 x 1,20 m)
Watte oder Wolle
weiße Wattekugel
Kleiderbügel
Kinderhandschuhe
Pappscheibe (Bierdeckel)
Kochlöffel (oder Leiste)
Klebeband
Dispersionsfarbe

Das Haus vom Nikolaus

... ist eine schöne Villa mit vielen Fenstern. Vor Weihnachten herrscht hinter jedem Fensterladen ein geschäftiges Treiben. Mit einem Anbau und insgesamt 24 Fenstern wird das Fensterbild zum Adventskalender.

Nikolaus-Haus

1 Die Villa mit Wasserfarbe auf den Fotokarton malen und ausschneiden.

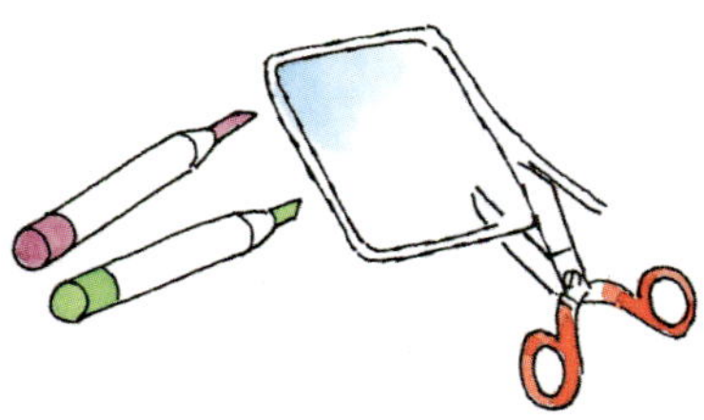

2 Für jedes Fenster einen Plastikdeckel mit Filzstiften bemalen und den Wulstrand abschneiden.

3 Deckel auf ein Rechteck aus Fotokarton legen und mit Bleistift den Rahmen markieren. Rahmen mit Wasserfarbe mustern.

4 Mit spitzer Schere Fensterläden einschneiden und aufklappen. Auf die Innenseite Folienpapierstücke kleben.

5 Fensterrahmen auf der Villa verteilen, Fensteröffnungen mit Nadel markieren und ausschneiden.

6 Plastikscheiben mit Klarsichtband an Rahmenrückseite, Rahmen mit Klebestift auf Villa kleben. Mit Folienpapier und Glimmer (auf Klebestiftspur streuen!) schmücken.

Nikolaus-Haus
2 Bogen schwarzer Fotokarton 35 x 50 cm
(1 x für Villa und 1 x für Fensterrahmen)
Plastikdeckel von Salatschüsseln
wasserfeste Filzstifte
Wasserfarbe (auch Gold und Silber)
spitze Schere, große Nadel
Klarsichtband, Klebestift
Folienpapier, Glimmer

Warten auf Sinterklaas

In Holland wird der heilige Nikolaus „Sinterklaas“ genannt. Er kommt bereits Mitte November mit dem Schiff aus Spanien und legt im Hafen von Amsterdam an. Begleitet wird er dabei von Knechten in alter spanischer Hoftracht. Darunter ist auch ein Mohr, der „Schwarze Piet“, der den Kinderschreck spielt und mit der Rute droht. Bis zum 5. Dezember besucht Sinterklaas die holländischen Städte. Man sagt, dass er in der Nacht über die Dächer reitet, um seine Geschenke in den Häusern zu verteilen. Die Kinder stellen für ihn ihre Schuhe bereit und verstecken darin ihre Wunschzettel. Für seinen Schimmel legen sie Heu oder Hafer und eine Möhre dazu.

Schuhe für Sinterklaas

Winterschuhe, die nicht mehr getragen werden, sind bunt bemalt eine wunderbare Verpackung für die Nikolausgeschenke und locken mit ihren leuchtenden Dispersions-Farben den vorweihnachtlichen Himmelsreiter an.

Himmelsreiter

Ein Scherenschnitt aus weißem Papier, auf eine Fensterscheibe geklebt, wirkt wie durchbrochene Spitze. Damit das Papier durch die Vorzeichnung nicht verschmutzt wird, legt man die Zeichnung über das vorgesehene Papier und schneidet beides zusammen aus.

Tipp:
In einem Arbeitsgang lassen sich aus übereinander gelegten Blättern mit einem guten Cutter mehrere Scherenschnitte auf einmal herstellen. Die Papiere können auch aus verschiedenen Sorten sein, z. B. Seiden-, Drachen- oder Glanzpapier. Nur sollte das kräftigste Papier als Erstes unter der Vorzeichnung liegen und alle Blätter zusammen müssen mit Klebeband vor dem Verrutschen gesichert werden.

Himmelsreiter
Bleistift
spitze Schere
Schreibmaschinenpapier
evtl. Cutter
verschiedene Papiere
Schneideunterlage

Lustige Tiroler

Bum, bum, bum, der Nikolo geht um ...
Wenn es nach Sonnenuntergang dreimal an die Türe pocht und dazu wild eine Kette rasselt, so können das nur Nikolo und Krampus sein. Sie ziehen vor Weihnachten in Österreich und Südtirol von Hof zu Hof. Bauer und Bäuerin empfangen sie an der Türe und führen sie in die gute Stube zum warmen Ofen und zu den Kindern. Während Nikolo die Kinder beschenkt, versucht der wilde Krampus sie zu necken und zu erschrecken.

Für jede Figur wird folgendes Werkzeug und Material gebraucht:
Bleistift, Papier
Schere, Holzleim
Stich- und Feinsäge
Halbrundfeile, Schleifpapier
Bohrer Ø 6 mm, Ø 12 mm
Rundhölzer Ø 6 mm, Ø 12 mm
Dispersionsfarbe-Pinsel
Märchenwolle, Stoffe
Nähmaschine

Unser Nikolo, Bauer und Bäuerin sind Brettfiguren. Sie werden alle nach dem gleichen Prinzip hergestellt: Ein einfaches ausgesägtes Brett bildet den Korpus, ein Arm ist jeweils fest an den Körper geklebt, der andere dreht sich beweglich um ein Rundholz. Alle Figuren können nach Lust und Laune bemalt und „angezogen" werden. Der Bauer trägt in einem kleinen Rucksack eine Batterie für seine Laterne. In seiner Pfeife raucht er einen besonderen „Tabak", der nach Weihnachten und Tanne duftet.

Bauer

1 Papier in Brettgröße der Länge nach falten. Halbe Figur aufzeichnen und ausschneiden. Papierschablone auf das Brett legen und mit Bleistift umfahren. Schablone entfernen und Figur aussägen.

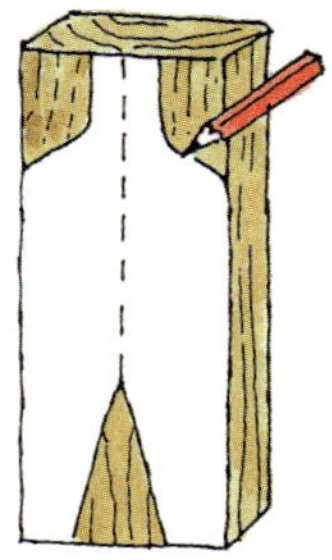

2 Alle Kanten mit der Halbrundfeile brechen. Hals mit der Rundfeile bearbeiten. Seitlich fingerbreit unter Schulterhöhe Löcher bohren. In die Beine 1 cm tiefe Löcher bohren. Hut aus Astholz aufkleben.

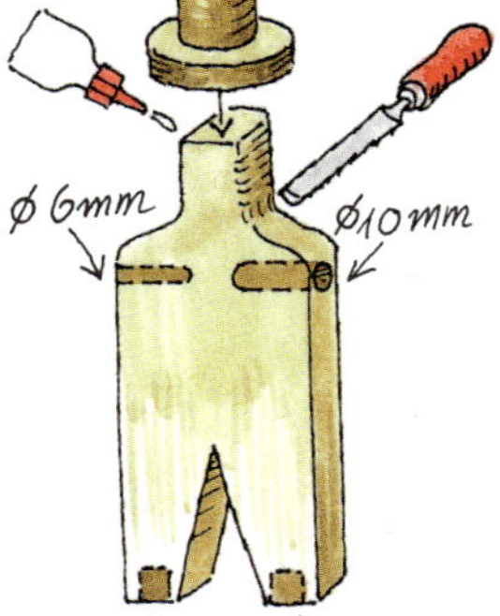

3 In den Kopf Löcher (6 mm) für Nase und Pfeife (schräg!) bohren. Rundholzscheibe halbieren und als Ohren ankleben. Armhölzer Richtung Hände sich verjüngend abschrägen und rechten Arm seitlich anbohren (6 mm). In die Schuhe Löcher (12 mm) bohren und vorne rund feilen. Rundhölzer in die Beine und rechte Schulter kleben. Schuhe ankleben. Rechten Arm aufstecken.

Holzfigur Bauer
1 Brett 20 x 8 x 2,5 cm (Körper)
2 Leisten 8 x 2,5 x 1,8 cm (Arme)
2 Leisten 5,5 x 2,5 x 2 cm (Schuhe)
1 Rundholzscheibe Ø 18 mm (Ohren)
2 Rundhölzer Ø 12 mm, 6 cm lang (Beine)
1 Rundholz Ø 6 mm, 6 cm lang (Pfeifenstiel)
1 Rundholz Ø 6 mm, 5 cm lang (rechter Arm)
1 Rundholz Ø 6 mm, 2 cm lang (Nase)
1 Astholzscheibe Ø 2 cm, 17 mm dick (Pfeifenkopf)
1 Stück Astholz Ø ca. 2,5 cm, 3 cm lang (Hut)
1 Astholzscheibe Ø 4,5 cm, 5 mm dick (Hutkrempe)
Bohrer Ø 10 mm
kleiner Schraubverschluss einer Getränkeflasche
kleine Nägel
Räucherhütchen

4 Für die Pfeife den Schraubverschluss auf die Astholzscheibe nageln, den Pfeifenstiel in die Astholzscheibe und den Kopf kleben. Das Räucherhütchen hineinsetzen und die Nase ankleben. In die Rückseite ein Loch (10 mm) bohren, so tief, bis der Bohrer auf den seitlichen Lochkanal stößt.

5 Linkes Armholz von Schulter bis Handmitte durchbohren. Von unten in die Handmitte bohren, bis der Bohrer auf den Längskanal stößt. Auch auf der Innenseite fingerbreit unter Schulterhöhe ein Loch bohren, bis der Bohrer auf den Längskanal stößt.

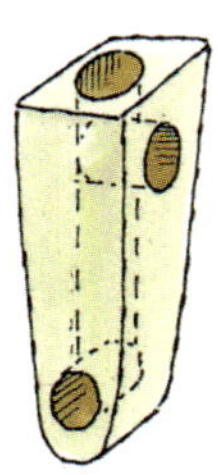

6 Mit Hilfe eines Drahthäkchens zwei Elektrokabel durch Arm und Körper ziehen. Das Armholz an den Körper leimen und die Kabelenden am Rücken mit der Batterie verbinden. Dann die Laterne herstellen.

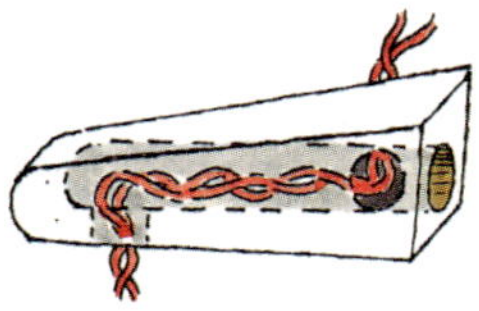

7 Dazu ein Filmdöschen und vier Rundhölzer auf den Laternenboden kleben. Ein Loch (2,5 mm) in den Deckel bohren. Die Kabelenden aus dem Handloch des Bauern hindurchführen und an Fassung und Birnchen befestigen. Einen Drahtbügel als Henkel anbringen und Rundhölzer und Filmdose von unten ankleben.

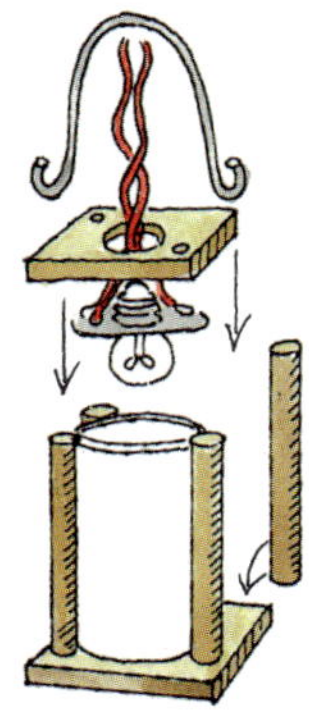

8 Figur mit verdünnter Dispersionsfarbe bemalen. Wollhaare und Bart ankleben. Schürze nach Maßen der Zeichnung (plus Nahtzugabe!) nähen und der Figur umbinden.

9 Tragriemen aus Leder für den Rucksack schneiden und an den Rücken der Figur nageln.

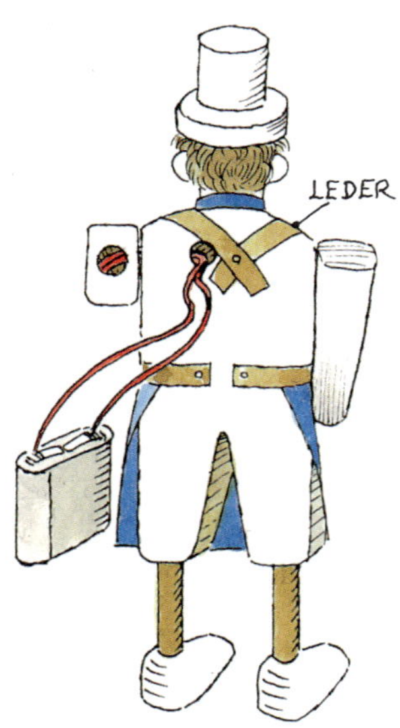

10 Aus Leinwand die Verschlussklappe schneiden. Ausfransenden Rand mit Holzleim fixieren. Rucksackstreifen zusammenlegen und als Säckchen zusammennähen. Säckchen wenden und Schnüre durchziehen. Rucksack an Figur kleben und nageln. Batterie in Rucksack packen.

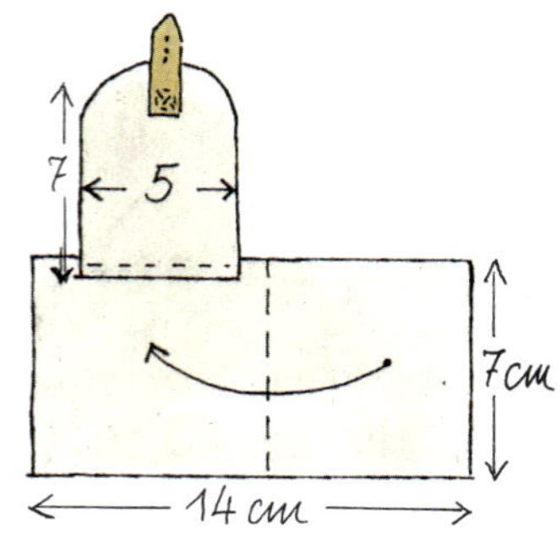

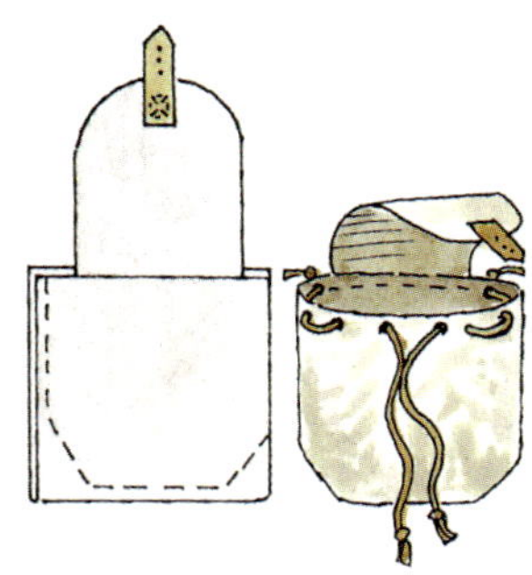

Laterne
Filmdose, transparent
2 Sperrholzquadrate 3,5 x 3,5 x 4 mm
4 Rundhölzer Ø 6 mm, 5 cm lang
Draht Ø 1,5 mm, 10 cm lang
Bohrer Ø 10 mm und 2,5 mm (Laternendeckel)
Birnchen 3,5 V und Fassung
Batterie 4,5 V
2 dünne Elektrokabel, je 20 cm lang

Männerschürze
festes Baumwolltuch, dunkelblau, 15 x 13 cm
3 Baumwollbänder, dunkelblau, je 10 x 1 cm

Rucksack
grobe Leinwand, ca. 20 x 7 cm
Lederreste
Schnur, ca. 25 cm

Nikolo und Bäuerin

Bäuerin und Nikolo werden nach dem gleichen Prinzip wie der Bauer hergestellt. Die Papierschablone auf Holz übertragen und aussägen, anschließend Kanten brechen und die Löcher bohren.

1 Die Bäuerin bekommt einen Besen aus Reisig in die Hand. Die Wollhaare, das Kopftuch und die Schürze werden aufgeklebt.

2 Die Mitra des Nikolo mit Folienpapier verzieren und auf den Bischofsstab eine Schnecke aus Alufolie drücken. Der Ornat lässt sich einfach aus einem zusammengelegten Stoffstreifen herstellen. Das Loch für den Kopf ausschneiden und mit einem kleinen Schlitz erweitern. Den Saum mit der Zickzackschere vor dem Ausfransen sichern, die Seitenränder mit Holzleim fixieren.

Holzfigur Bäuerin
1 Brett 20 x 6,5 x 2,5 cm (Körper)
2 Leisten 6,5 x 2,5 x 1,8 cm (Arme)
2 Leisten 4,5 x 2,5 x 2 cm (Schuhe)
2 Rundhölzer Ø 12 mm, 3,5 cm lang (Beine)
1 Rundholz Ø 6 mm, 5 cm lang (rechter Arm)
1 Rundholzscheibe Ø 12 mm, 5 mm dick (Ohren)
Besen
Rundholz Ø 6 mm, 15 cm lang
Reisig, Blumendraht

Holzfigur Nikolo
1 Brett 28 x 10 x 2,5 cm (Körper)
2 Leisten 8 x 2,5 x 1,8 cm (Arme)
2 Leisten 5,5 x 2,5 x 2 cm (Schuhe)
1 Rundholzscheibe Ø 1,8 cm, 5 mm dick (Ohren)
1 Rundholz Ø 6 mm, 2,5 cm lang (Nase)
1 Rundholz Ø 6 mm, 5 cm lang (linker Arm)
1 Rundholz Ø 6 mm, 25 cm lang (Hirtenstab)
etwas Alufolie (Bischofsstab)
Möbelbezugstoff 30 x 11 cm (Ornat)
Zickzackschere-Folienpapier (Mitra)

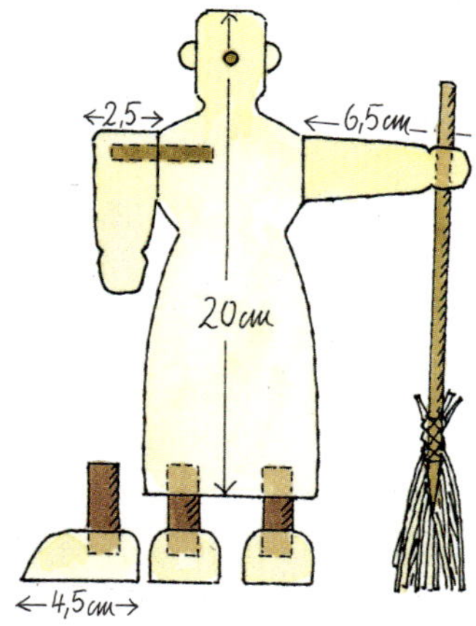

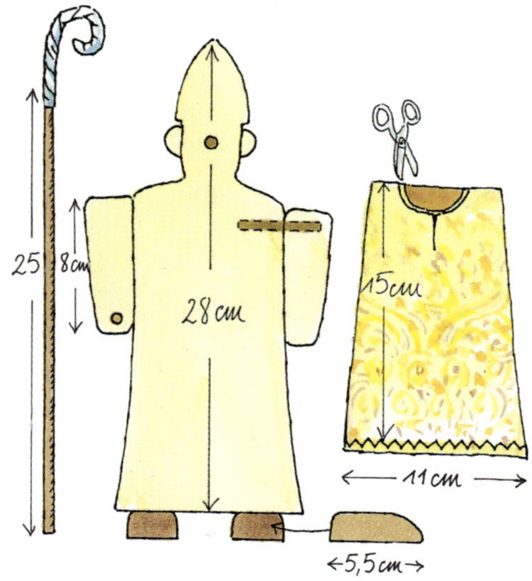

Lucia mit Licht und Kuchen

Am 13. Dezember hat die Hl. Lucia Namenstag. Es ist die Zeit der kürzesten Tage und längsten Nächte des Jahres.
Als Lichtgestalt wird die gebürtige Sizilianerin besonders in Schweden groß gefeiert. Jung, hell strahlend mit Kerzen als „Heiligenschein" auf dem Kopf, besucht sie dort Kindergärten, Krankenhäuser und Weihnachtsfeiern, um Geschenke zu verteilen.
Zu Hause verkleidet sich morgens am Lucien-Tag die älteste Tochter mit Kranz, Kerzen, weißem Kleid und roter Schärpe und bringt Eltern und Geschwistern das Frühstück ans Bett. Dabei dürfen die süßen „Lusse-Katter" aus Hefeteig nicht fehlen (s. Seite 42).

Lucia-Tablett

1 Mit Hilfe einer Papierschablone die Umrissform der Büste von Lucia mit Lichterkrone (Kerzenhalterung) auf das Brett zeichnen.

2 Form aus dem Brett sägen. Kanten mit der Feile brechen und mit Schleifpapier glätten.

3 Büste auf eine der langen Innenseiten eines Tabletts leimen und mit Zwingen anpressen.

4 In die Krone vier kleine Löcher bohren, die so tief wie die Dornlänge der Kerzenhalter sein müssen. Brett und Tablett mit Lackfarben bemalen. Kerzenhalter mit Kerzen in vorgebohrte Löcher stecken.

Tablett
handelsübliches, unlackiertes Holztablett
Fichtenbrett (Breite richtet sich nach Tablett-Breite),
Höhe: ca. 35 cm, Dicke: 18 mm
Stichsäge
Holzfeile
Schleifpapier
Holzleim
Zwingen
4 Steckkerzenhalter
4 Kerzen
Lackfarben (wasserverdünnbar)

Lucia-Kranz

1 Drahtenden zu Schlaufen biegen. Buchs-Zweige auf Stücke von ca. 5 cm kürzen. Stängel der Vogelbeeren mit Draht umwickeln und damit um ca. 5 cm verlängern.

2 Buchs und Beeren auf Schlaufendraht wickeln. Durch die Drahtschlaufen rotes Geschenkband ziehen. Kranz um die Lichterkrone legen und mit Schleife festziehen.

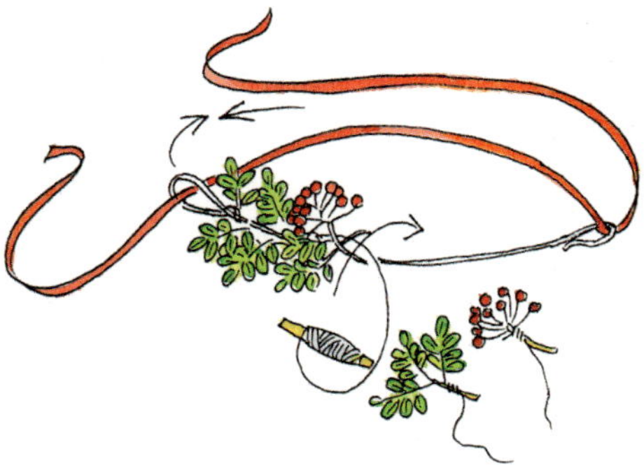

Kranz
dünner Blumendraht
Blumenwickeldraht
Buchszweige
Dolden von Vogelbeeren
dünnes rotes Geschenkband

Lusse-Katter

„Lucien-Kätzchen" wird das Hefegebäck in Schweden genannt, vielleicht, weil es wie ein Katzenschwanz eingeringelt ist. Das s-förmige Zeichen ist aber auch ein altes Symbol für die auf- und untergehende Sonne und gehört – wie das aus gleichem Teig gebackene Sonnenrad – zum Lucien-Fest und Tag der Wintersonnenwende.

½ l Milch
150 g Butter
1 kg Weizenmehl
1½ Tassen Zucker
40 g Hefe
1 Prise Salz
1,5 g Safranpulver
1 Ei
100 g Rosinen
1 Eigelb zum Bestreichen
30 g gehackte Mandeln
oder Hagelzucker

1 Milch erwärmen und Butterstücke darin schmelzen lassen. Mehl in eine große Schüssel geben und in die Mitte eine Mulde drücken. Zucker hineinschütten, darauf die Hefe bröckeln.

2 Die Mulde mit lauwarmer Milch und geschmolzener Butter füllen. Etwas Salz und das Safranpulver auf dem Mehlrand verteilen. Etwa zehn Minuten warten, bis sich die Hefe aufgelöst hat und an der Oberfläche schwimmt. Das Ei dazugeben und mit einem Rührlöffel alle Zutaten vermengen.

3 Wenn der Teig schwer klebrig vom Löffel reißt, die Schüssel mit einem Geschirrtuch zudecken und an einen warmen Platz stellen. Den Teig etwa eine Stunde lang ruhen und steigen lassen. Anschließend mit dem Rührlöffel stoßen und kneten, bis er sich geschmeidig von der Schüsselwand löst. Ein faustgroßes Stück abtrennen und auf ein eingemehltes Arbeitsbrett geben.

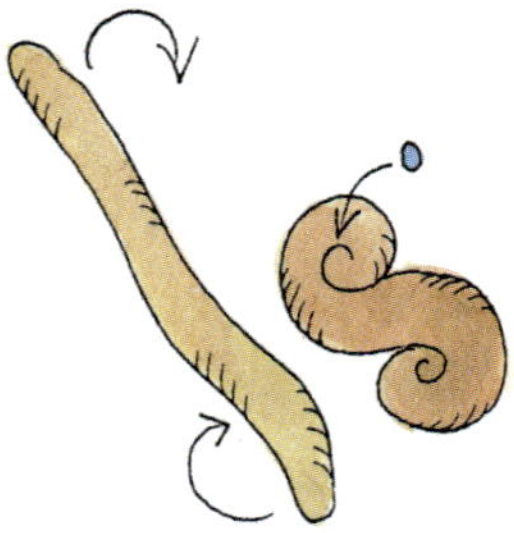

4 Das Teigstück zu einer Walze rollen, auf ein mit Backtrennpapier ausgelegtes Blech legen und die Enden s-förmig eindrehen. In die Rundungen Rosinen drücken. Auf dem Blech noch etwas ruhen lassen. Ein Eigelb mit etwas Milch verrühren, damit das Gebäck einpinseln und anschließend mit gehackten Mandeln oder Hagelzucker bestreuen. Den Backofen auf 200 Grad vorheizen und das Blech bei Mittelhitze etwa zwanzig Minuten lang backen.

Sonnenrad

Für das große Sonnenrad wird der gleiche Teig benötigt wie für die Lusse-Katter. Für diese besondere Form werden um eine aus einer Teigwalze gedrehten Mittelschnecke weitere Teigschnecken platziert und gut angedrückt. Dieses große Gebäckstück muss ca. dreißig Minuten im Backofen bleiben.

Weihnachtszwerge

Jul-Nisse werden die kleinen Kobolde mit den roten Zipfelmützen in Skandinavien genannt. Sie sind die guten Geister von Haus und Hof und gehören dort zur Vorweihnachtszeit und Wintersonnenwende. Nachts sind sie unterwegs, um sich vor allem um die Tiere des Bauernhofes zu kümmern. Damit die Kobolde wohlgesonnen bleiben, stellen ihnen die Kinder abends ein Schälchen mit Weihnachtsgrütze – einem Milchbrei – vor die Türe. Nächtens verspeist der Nisse den Brei gemeinsam mit der Hauskatze.

Kleiner Wicht

1 Aus Seidenpapier einen Kreis schneiden.

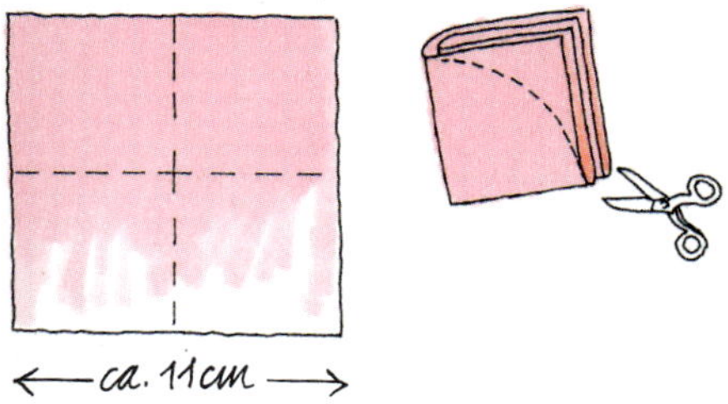

2 Eine Kreishälfte als Mantelumhang um den Korken kleben.

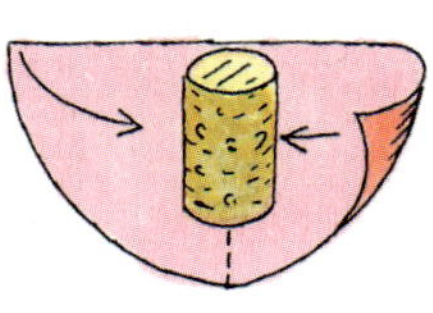

3 Einen Viertelkreis als Mütze an der Wattekugel befestigen.

4 Streichholzkopf als Nase in das Loch in der Wattekugel kleben. Augen aufmalen und Bart ankleben. An dünnem Faden aufhängen.

Kleiner Wicht
Wattekugel, Korken
Seidenpapier (ca. 11 x 11 cm)
Schere, Kleber, Watte
Filzstift, Streichholz
Nadel, Faden

Lichter zwischen Tag und Traum

Advent, Advent,
ein Lichtlein brennt,
bald kommt die frohe selige Zeit:
Weihnacht, Weihnacht ist nicht mehr weit.

Kerzenzauber

Mit goldenen Segeln steuern Wachsschiffchen, aus geschmolzenen Kerzenresten gegossen, auf Weihnachten zu. Farbiges Wachs verwandelt Wattebälle in Weihnachtskugeln.

Kerzenschiff

1 Ein faustgroßes Stück Ton zu einer Kugel rollen, leicht flach drücken und eine Mulde (etwas tiefer als ein Teelicht) formen. In Schiffsform drücken und glatt streichen.

2 Rote oder weiße Kerzenreste in einer Konservenbüchse langsam im Wasserbad schmelzen lassen, dann den Topf vom Herd nehmen, damit das Wachs nicht zu heiß wird.

3 Etwas Wachs in die Tonmulde gießen und ein Schaschlikstäbchen als Mast einsetzen. Ein Teelicht (ohne Schälchen) auf das Wachs drücken. Mulde mit Wachs füllen, bis das Teelicht bedeckt ist. Wachs abkühlen lassen. Den Ton auseinander drücken und das Wachsschiff heraus nehmen. Den Mast mit Segel aus Alufolie und Wimpel schmücken.

Kerzenschiff
Ton
Teelicht
Kerzenreste
Konservenbüchse
Topf mit Wasser
Schaschlikstäbchen
Alufolie

Wachskugeln

Aus weißen Kerzenresten und Spänen von Wachsmalkreide lässt sich wunderschöner Weihnachtsschmuck herstellen. Die Wachsmalkreide löst sich im geschmolzenen Wachs vollständig auf und bringt je nach Mischungsverhältnis die unterschiedlichsten Farben hervor.
Zum Gießen und Tauchen darf das Wachs nicht zu heiß sein, es sollte sich an der Oberfläche aber auch noch keine Haut bilden. Im Wasserbad kann man mehrere Konservendosen mit Wachs in verschiedenen Farben nebeneinander stellen und gleichmäßig warm halten (Thermostat-Topf auf 50° C stellen!)

1 Wattekugeln auf Schaschlikstäbchen stecken und in farbiges Wachs tauchen. Stäbchen mit Kugel senkrecht aus dem Wachsbad nehmen und abkühlen lassen (auf der Kugelunterseite bildet sich eine Tropfenform). Zur Intensivierung der Farbe mehrmals eintauchen. Um einen Mischton zu erhalten ein oder mehrmals in ein andersfarbiges Wachsbad tauchen. Zu kräftige Farbtöne werden durch ein letztes Tauchbad in weißem Wachs pastellfarben.

2 Zum Aufhängen der Kugel wird zuerst das Schaschlikstäbchen vorsichtig drehend aus dem Wattekugel-Loch entfernt. Nun lässt sich eine Schlaufe von einer Christbaumkugel einspreizen.

3 So wird ein Aufhänger selbst hergestellt: Schaschlikstäbchen abzwicken. Eine Sternmanschette aus Folienpapier schneiden und über das Stäbchenende schieben.

4 Abgezwicktes Schaschlikstäbchen verwenden, um eine Schlaufe in ein 5 cm langes Stück Schmuckdraht zu drehen. Die Drahtenden um das herausstehende Endstück an der Kugel herumwickeln.

5 Manschette aus Folienpapier schneiden (Kreisdrittel) und trichterförmig um Draht und Stäbchen kleben.

Wachskugeln
Watteбälle, unterschiedlich groß
Schaschlikstäbchen
weiße Kerzenreste
Wachsmalkreide
Konservendosen
Topf mit Wasser
Zwickzange, Schmuckdraht
Folienpapier, Kleber

Kerzen mit bunten Ringelsocken

1 Weiße Kerze am Docht fest halten und unterschiedlich tief in farbiges Wachs tauchen. Nach jedem Tauchgang abkühlen lassen.

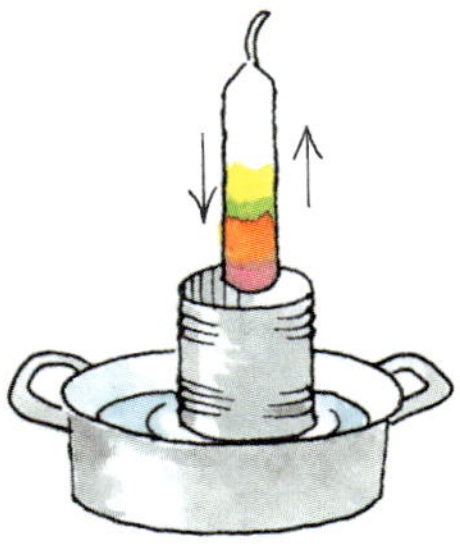

2 Ausstechform mit Salatöl einfetten. Entweder eine Kugel Ton flach drücken und die Ausstechform ca. 3 mm hineindrücken (das geht auch mit einer fingerdicken Kartoffelscheibe) oder die Ausstechform auf Alufolie setzen. Folie außen fest an die Form drücken.

3 Form mit farbigem Wachs füllen. In das noch warme, aber nicht mehr flüssige Wachs (Fingerdruck-Test!) eine Kerze setzen. Alles zusammen kalt und fest werden lassen (z. B. in kaltem Wasserbad), dann das Wachs mit der Kerze aus der Form drücken.

Kerzen mit Ringelsocken
weiße Baumkerzen
weiße Kerzenreste
Wachsmalkreide
Konservendosen
Topf mit Wasser
Ausstechformen und Salatöl
Ton oder Alufolie

Tipp:
Man kann jede gewünscht Form auch aus einem Stück Alufolie herstellen. Die Schiffsform von Seite 46 bastelt man z. B. so: Ein Rechteck aus Alufolie zusammenlegen. Die Seitenöffnungen einrollen und fest zusammendrücken. Die entstandene Tasche öffnen und zu einer Schiffsform auseinander ziehen. Die Form vorsichtig und nicht zu hoch mit geschmolzenem Wachs füllen. Den Mast vor dem Einsetzen in das Schiffchen in eine Kugel Knetwachs stecken – sonst sticht man durch die Folie!

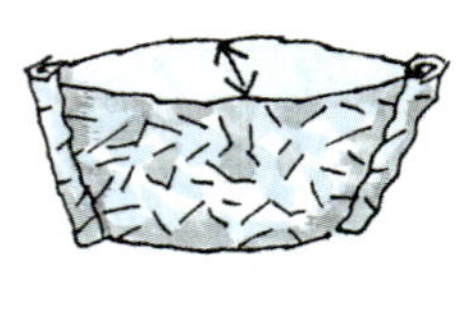

Morgensterne

Wenn die Nacht schwindet und es Tag wird, dann beginnen diese Sterne auf der Fensterscheibe zu leuchten. Die Sterne mit Lineal und Cutter aus einer Papierscheibe (Ø 18 cm) schneiden. Das Faltschema ist bei jedem Stern gleich (s. Zeichnung) – nur die Anordnung der Stege wechselt. Die Stege sind etwa 8 mm breit.

Fensterbild

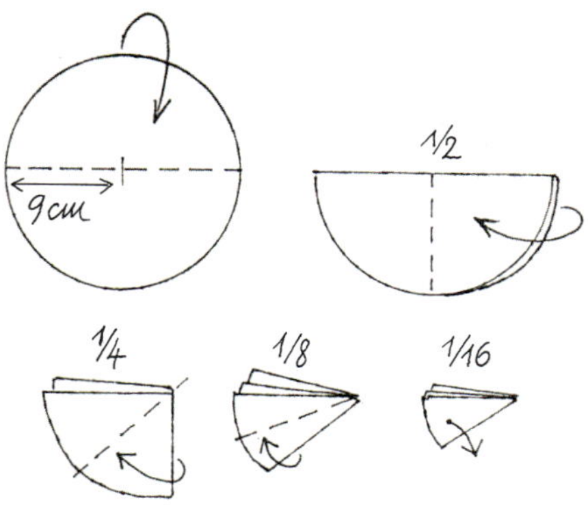

1 Kreisscheibe fünfmal zusammenfalten.

2 Papier zu einem ⅛-Kreis wieder aufschlagen. Auf der Bruchlinie, 2 cm vom Kreisrand entfernt, einen Markierungspunkt setzen.

3 Die Ecken bis zum Punkt mit einem Lineal verbinden und die grau dargestellten Flächen mit dem Cutter ausschneiden.

4 Mit Drachenpapier hinterkleben. Zum Schluss überstehendes Papier entlang der Sternzacken abschneiden.

Ausschneideformen der Sterne könnten sein:

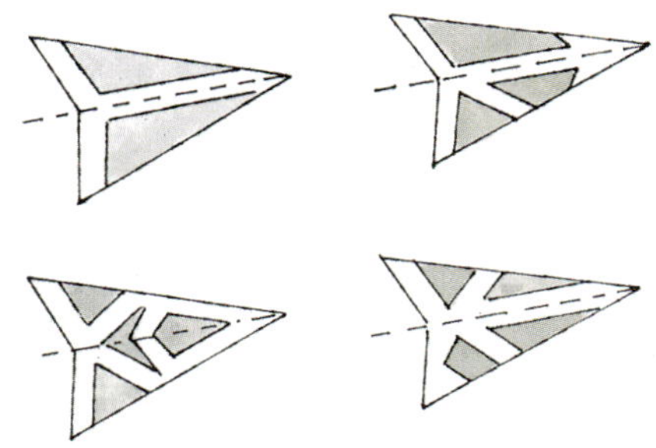

Fensterbild
schwarzes Tonpapier
Bleistift, Lineal
Cutter, Schere
buntes Drachenpapier
Klebestift

Leuchtende Matrjoschka

Hölzerne Matrjoschka-Puppen sind ein russisches Volksspielzeug. Alte Mütterchen mit Kopftüchern gehören zum Winter wie das „Väterchen Frost". Der alte Mann beschenkt Russlands Kinder wie bei uns der Nikolaus oder Santa Claus in England und Amerika. Er kommt allerdings etwas später zu ihnen, erst am 6. Januar. Begleitet wird er nicht von einem Engel, sondern von der Schneekönigin, die wie er aus dem hohen Norden stammt.

Die aus Holz gedrechselten Matrjoschka-Puppen sind hohl. In ihrem Innern steckt eine kleinere Puppe, die sich wiederum teilen lässt. Ihre Körper sind mit Kopftuch und großen Blüten bemalt.
Unsere Matrjoschkas sind Trichter aus gebatiktem Papier, die über ein Glas mit Kerze gestülpt werden. Die größte ist 32 cm hoch, die kleinste 17 cm.
An dunklen Dezembertagen lächeln sie freundlich mit ihrem Licht von der Fensterbank.

Papierleuchten
Matrjoschka 22 cm
1 Bogen Zeichenpapier DIN A 3
2 Bögen Schreibmaschinenpapier
Lineal, Bleistift
Schere, Klebeband
Doppelklebeband (schmal)
Filzstifte
weiße Kerzenreste
Topf mit Wasser
Konservenbüchse
alter Pinsel
bunte Holzbeize (aufgelöst)
Zeitung, Bügeleisen
Marmeladenglas
Stumpenkerze

Matrjoschka-Licht

1 Für eine Puppe von 22 cm Höhe (auf dem Foto im Vordergrund, Mitte) folgende Schablone fertigen: Zwei Bogen Papier aufeinander legen und in der Mitte längs falzen.

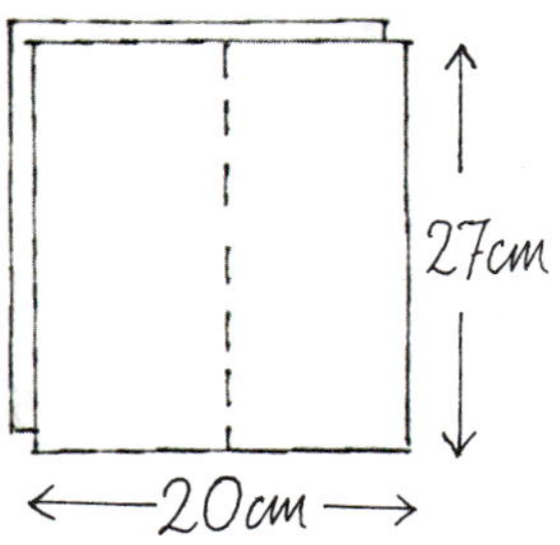

2 Halbe Puppenform aufzeichnen. Form ausschneiden.

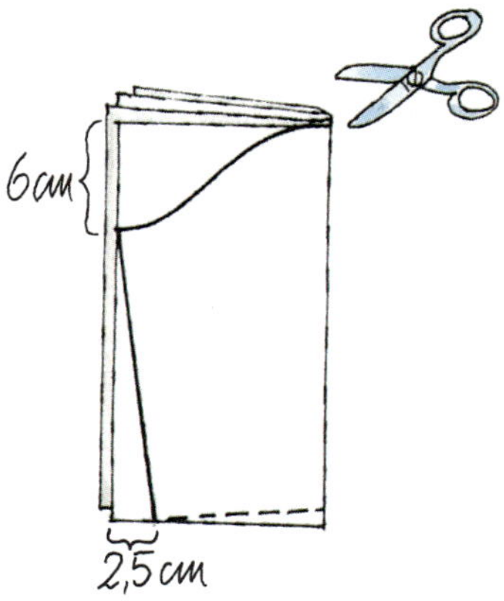

3 Einen Papierschnitt (A) entlang der Falzkante teilen. Teile von (A) mit Klebeband seitlich an den zweiten Papierschnitt (B) kleben. Schablonenform auf Zeichenpapier übertragen.

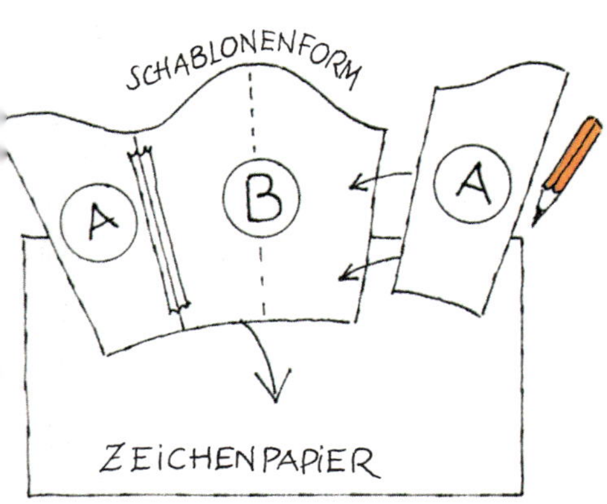

4 Gesicht und Blumen-Rosette mit farbigen Filzstiften zeichnen und mit flüssigem Wachs überpinseln.

5 Das Papier der Breite nach mit verschiedenen Holzbeiztönen (für Kopftuch und Kleid) einfärben. Beize trocknen lassen.

6 Kleid und Kopftuch mit heißem Wachs mustern und noch einmal mit gleicher oder anderer, aber nicht zu dunkler Beize darüber malen.

7 Das Papier zwischen Zeitungspapier bügeln (Wachs macht das Windlicht transparent).

8 Die Papierform zu einem Trichter drehen und mit Doppelklebeband schließen. Für größere oder kleinere Matrjoschkas wird die Schablone entsprechend verändert. Ebenso wechselt die Größe der Gläser, über die sie gestülpt werden.

New Yorker Winter

Wenn die Stadt im Schnee versinkt und kalter Polarwind um die Hochhäuser pfeift, wärmt man sich die klammen Finger am offenen Feuer in leeren Ölfässern. Die beiden New Yorker sind ca. 20 cm hoch und aus Blech geschnitten. Ihr kleines Ölfass ist eine gelochte Tomatenmark-Büchse und ein Teelicht sorgt für den wärmenden Schein.

New Yorker Blechfiguren

1 Für die Figuren Papierschablonen anfertigen, die Umrissformen auf das Blech übertragen und mit kleiner Blechschere ausschneiden.

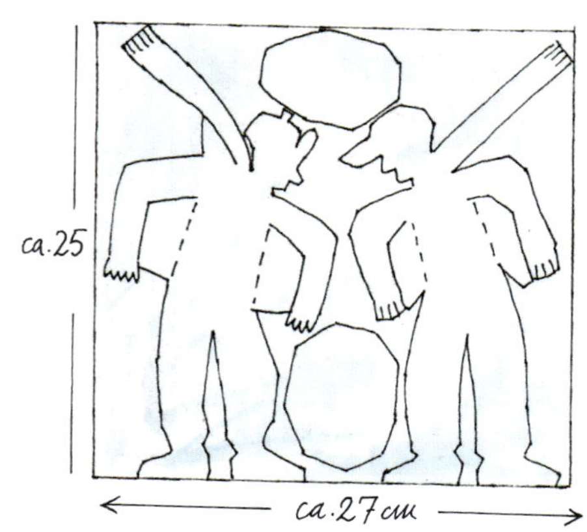

2 Köpfe und Jacken nach vorne biegen, Füße und Arme seitwärts richten. Die Schals werden wellenförmig geformt und nach hinten gebogen.

3 Aus Blechresten kleine Plattformen schneiden.
Die Figuren auf die Plattform löten.

4 Das Blech mit Lackfarben bemalen. Mit einem Nagel Löcher in die Tomatenmark-Büchse klopfen und Teelicht einsetzen.

Tipp:
Statt Weißblech kann man auch dünnes Aluminiumblech (z. B. Offsetblech aus der Druckerei) verwenden. Mit einer Haushaltschere lässt sich das Blech einfach schneiden. Es wird nicht verlötet, sondern mit einer Klebepistole zusammengeklebt (an den Füßen kleine Stege stehen lassen!)

Blechfiguren
dünnes Weißblech
kleine Blechschere
Papier, Bleistift
Lötpistole
Lötzinn mit Flussmittel
kleiner Treibhammer
Nagel
Lackfarben vom Modellbauhandel
leere Dose Tomatenmark
Teelicht

für den Skifahrer außerdem
kleine Zange mit Seitenschneider
Draht
Stück Holz mit Mulde
Kerze

Skifahrer

Der Skifahrer wird ebenso wie die New Yorker ausgeschnitten und auf seine Ski gelötet.

1 Figur ausschneiden und biegen.

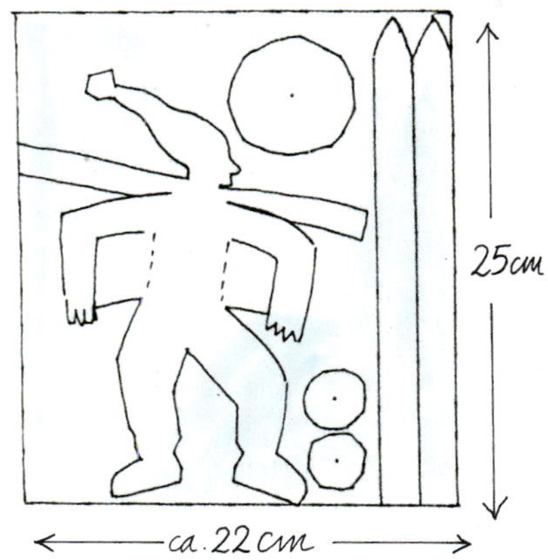

2 Kräftigen Draht für Skistecken abzwicken, kleine Blechscheiben aufstecken und unten anlöten.

3 Größere Blechscheibe für die Kerze in einer Holzmulde mit kleinem Treibhammer rund vertiefen. Das so entstandene Schälchen mit spitzem Nagel lochen, über ein Drahtende schieben und festlöten. Dabei ein Stück Draht als Kerzenhalter-Dorn stehen lassen.

4 Die Figur auf die Skier löten.

5 Die Skistecken an die Hände löten und diese etwas einwärts drehen. Figur mit Lack bemalen und eine kleine Christbaumkerze aufstecken.

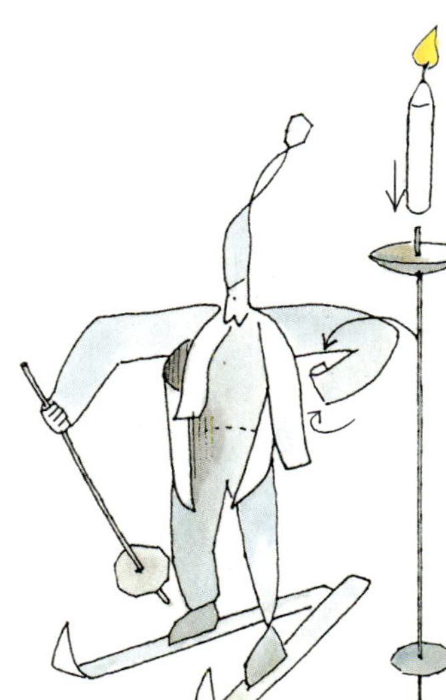

Weihnachts-Wundertüten

Zuerst dienen sie als Verpackung, dann – oh Wunder! – als Windlicht. Damit die leichten Kleisterpapier-Hüllen nicht vom Wind fortgeblasen werden, setzt man das Kerzenlicht zum Schutz und zur Beschwerung der Tüten in ein Glas.
Wer den Boden mit Karton versteift und den oberen Rand durch Umschlagen verstärkt, kann die Tüten an einen Drahtbügel hängen und als Laterne am Stecken tragen. Statt des schweren Glases wird dann als Kerzenhalter das Aluschälchen eines Teelichts eingeklebt.

Wundertüte

1 Kleister anrühren und Holzbeize in Gläsern ansetzen. Das Papier mit Beize längs-, quer- oder diagonal in der Breite streifen. Bogen trocknen lassen.

2 Neue Gläser halb mit Kleister füllen und diesen mit Holzbeize mischen. Streifen Papier mit farbigem Kleisterbrei noch einmal einstreichen.

3 Einen Kamm aus Karton schneiden. Mit diesem Kamm ein Muster in das feuchte Kleisterpapier kratzen. Bogen trocknen lassen.

4 Aus dem Schmuckpapier eine Tüte falten:

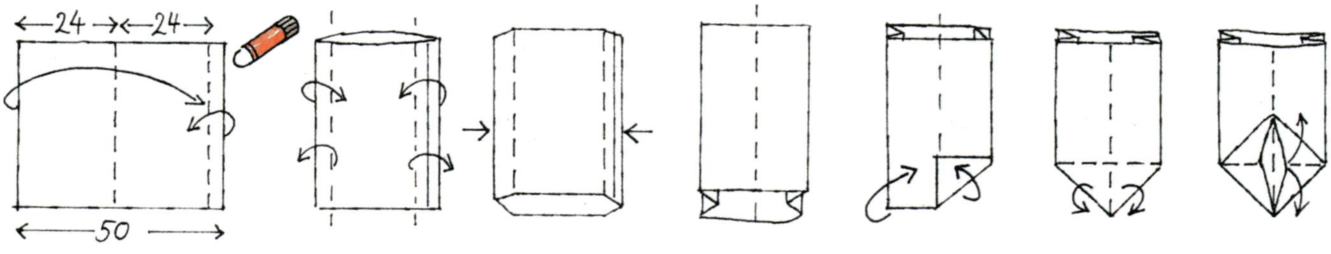

Der Klemmvogel (s. Seite 15) ist ein guter Verschluss für Weihnachtstüten. Hier hält er eine Tüte zusammen, die mit Kartoffelstempeln und Filzstiften gemustert wurde.

Windlichttüte
1 Bogen dünnes Zeichenpapier, 35 x 50 cm
Zeitungspapier
Kleister
Holzbeize in Rot, Gelb, Blau, Grün
leere Gläser
breite Pinsel
Kartonrest
Schere, Klebestift
Stumpenkerze, Glas (für Windlicht)

für Laterne
Blumendraht, Teelicht
Haushaltkerze, Doppelklebeband

Engelstüte

Durch Ausschneiden einer Engelskontur wird im Handumdrehen eine Einkauftüte mit Kerze zum Weihnachtslicht.

Engelstüte
weiße Einkaufstüte
Papier, Bleistift
spitze Schere
Teelicht, Haushaltkerze
Doppelklebeband

Kleine Weihnachtshexe

So wie nördlich der Alpen zur Weihnachtszeit Kinder als Klöpfl- oder Sternsinger von Haus zu Haus ziehen, verkleiden sich südlich des Alpenkammes, in Italien, die Bambini als „Befana" oder „Befanotti". Die Befana ist eine liebenswerte, alte Hexe, die Gutes für die Kinder will. Sie beschenkt die Kinder wie bei uns der Nikolaus, aber nicht am 6. Dezember, sondern erst am 6. Januar, am Dreikönigstag, an dem das Kirchenfest „Epiphanias" gefeiert wird, von dem sie auch ihren Namen hat. Auch die kleinen Hexen aus Ton sind in der Weihnachtszeit schwer beschäftigt: Immer wenn es dunkelt, schüren sie ihren Ofen und setzen einen kleinen Topf Wasser auf, um ihr Süppchen zu kochen. Mal riecht es dann nach Zimt, mal nach Orange oder Tanne.

Tipp:
Beim Tonen ist es wichtig, alle Teile gut miteinander zu verbinden, sonst fallen sie nach dem Brennen ab oder auseinander. Beide Teile dafür mit Schlicker (Tonbrei) bestreichen, aneinander drücken und die Übergänge mit den Fingern oder einem Schaschlikstäbchen verstreichen. Zur Herstellung von Schlicker ein Klümpchen Ton in einem Schälchen in etwas Wasser auflösen.

Hexe

1 Für den Rock ein „Daumenschälchen" formen: Tennisballgroße Tonkugel zu einer kleinen Schale drücken (Daumen innen, Finger außen).

2 Schale wenden und Oberkörperkugel und Kopfkugel mit Hals aufdrücken und feststreichen. Arme, Zopf, spitzen Hut oder Kopftuch aus Ton andrücken und feststreichen. In eine Hand ein Loch stechen (für Besen oder Kochlöffel). Mund, Augen und Nase mit Hilfe von Schaschlikstäbchen fest anstreichen.

Ofen

1 Tuch leicht anfeuchten und glatt streichen (Tonplatten lösen sich damit leicht vom Untergrund). Darauf größere Tonkugel zwischen zwei Leisten legen. Nudelholz auf Leisten lagern und Ton flach walken, so wird die Tonplatte gleichmäßig dick.

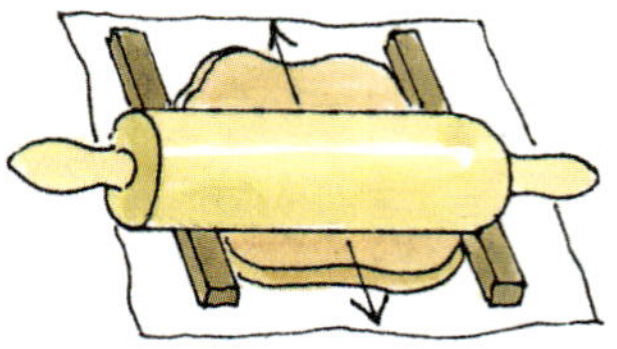

2 Aus der Tonplatte einen Streifen in Ofen-Höhe schneiden. Den Boden mit Hilfe eines Bechers ausschneiden.

3 Einen Streifen an der Unterkante und an beiden Seitenkanten mit einer Gabel aufrauen und mit Schlicker (Tonbrei) bestreichen. Ebenso Bodenplatte am Rand aufrauen und „anschlickern". Den Streifen zu einer Röhre schließen und auf den Boden setzen.

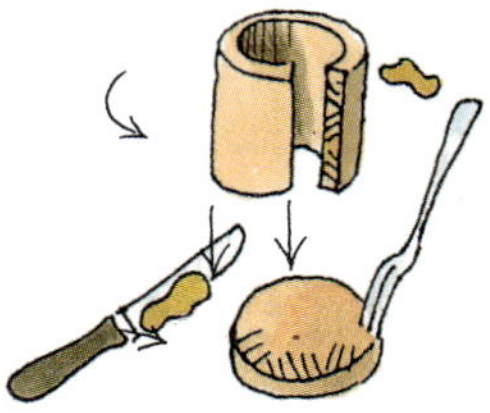

4 Ofen etwas trocknen lassen, dann unten eine Feuerklappe ausschneiden und oben, für Licht und Luft, Löcher ausstechen. Für den Topf ein Daumenschälchen so formen, dass es auf den Ofen passt, aber nicht anschlickern.

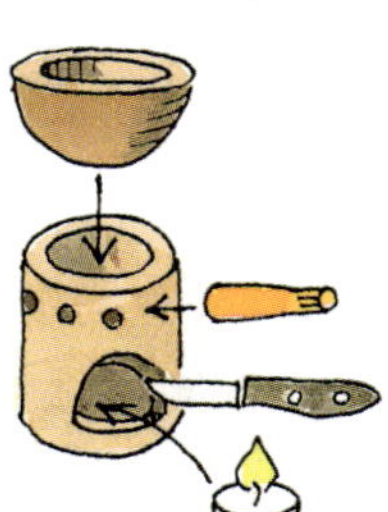

5 Zweite Platte Ton für den Untersatz ausrollen. Eventuell einen Kamin und Baumstamm aus Tonwürsten formen und oben einstechen. Alle Tonteile nach dem Trocknen bei 950° C im Tonbrennofen brennen. Nach dem Brand mit Dispersionsfarbe bemalen. Das Schälchen mit Glasurfarbe noch einmal bei 1050° C brennen.

Duftlampe
Ton, rot brennend
Nudelholz, Tuch
2 Leisten, fingerdick
Plastikbecher
Messer, Gabel
Schaschlikholz
Dispersionsfarbe
Glasurfarbe, Teelicht
Duftöl
Tannenzweig
Reisig
Watte

Morgenländische Lichtertürm

Die Weihnachtslegende berichtet von drei Weisen aus dem Morgenland, die dem Stern folgten, bis er über einem Stall bei Bethlehem stehen blieb. Dort fanden sie ein Kind in der Krippe, auf Heu und Stroh. Diese Lichtertürme aus Ton weisen mit ihrem Schein den Weg zum Wickelkind, das aus einem Tonrest leicht herzustellen ist (Tipps zur Tonbearbeitung s. Seite 56).

Lichtertürme aus Ton

1 Größere Tonkugel, wie die Bodenplatte der Weihnachtshexe (s. Seite 56) auswalken. Den Rand mit Hilfe einer Holzleiste gerade schneiden.

2 Damenstrumpf straff über eine Flasche ziehen, oben verknoten und Rest abschneiden. Die Tonplatte Stoß auf Stoß um die Flasche legen. Die Stoßkanten mit einer Gabel aufrauen und mit Schlicker einstreichen. Kanten zusammendrücken und Nahtstelle außen verstreichen.

3 Ton und Flasche mit leichtem Druck etwas hin- und herrollen. Flasche herausziehen (durch den Strumpf bleibt der Ton nicht an der Flasche kleben).

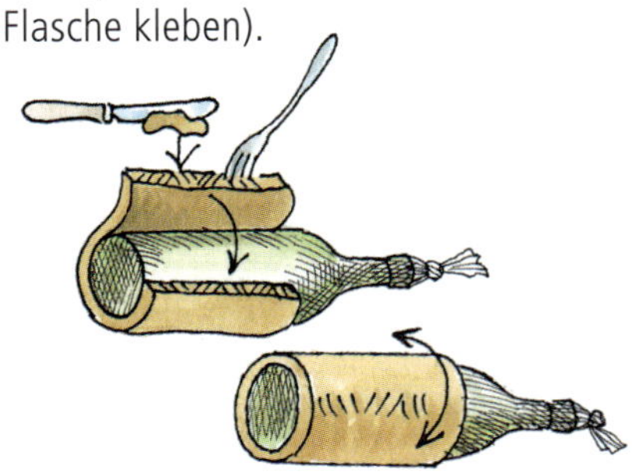

4 „Daumenschälchen" aus einer Tonkugel formen (s. Seite 56). Oberkante von Tonröhre und Schälchen aufrauen und mit Schlicker bestreichen. Kuppelschale auf die Röhre drücken. Die Nahtstellen glätten.

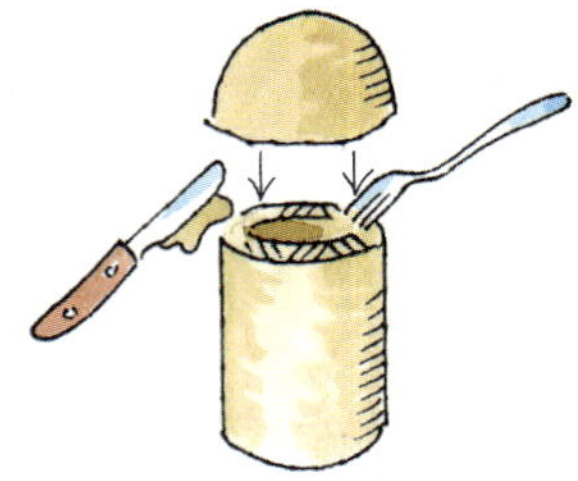

5 Turm etwas antrocknen lassen, dann mit einem Kartoffelschäler und einem Schaschlikholz o. Ä. Turm und Kuppel lochen. Mit spitzem Messer Türen und Fenster ausschneiden. Fenster- und Türumrandungen, Stockwerke, Kuppel und Spitze mit weißer Engobe bemalen.

6 Kuppelaufsatz wie einen Stöpsel formen. Diesen und den Turm bei 950° C brennen.

7 Nach dem Abkühlen Kuppel und Kuppelaufsatz oben mit Glasurfarbe bemalen und alles nochmals bei 1050° C brennen.
Wer nach der Fertigstellung etwas Duftöl auf den unglasierten, unteren Teil des Stöpsels tropft und ein Teelicht in den Turm stellt, den umgibt in kurzer Zeit ein Wohlgeruch des Orients.

Lichtertürme aus Ton
Ton, rot brennend
Nudelholz, Tuch
2 Leisten, fingerdick
Schaschlikholz
spitzes Messer
Streichmesser
Gabel
Kartoffelschäler
Flasche
Damenstrumpf
weiße Engobe
Glasurfarben
Teelicht, Duftöl

Wickelkind

1 Tonwalze für den Körper formen und ein Loch für den Hals eindrücken. Kopfkugel mit Hals bilden. Hals und Arme aus Tonschnüren am Körper feststreichen. Nach dem Trocknen Figur im Tonbrennofen brennen.

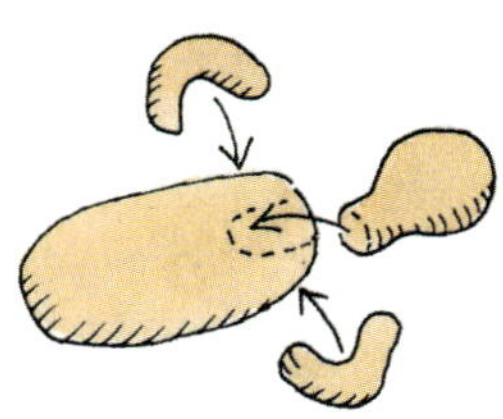

2 Figur bemalen und Heiligenschein aus vergoldetem Karton ankleben.

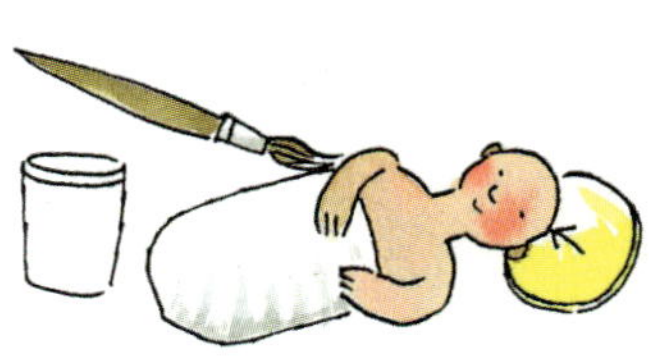

3 Ein Schälchen leicht mit Salatöl einfetten. Zeitungspapier-Schnipsel mit Kleister in zwei bis drei Lagen übereinander in die Schale kleben.

4 Nach dem Trocknen aus der Form nehmen, den Rand glatt schneiden und bemalen. Mit Heu, Federn oder Strohblumen füllen und Wickelkind darauf legen.
Eine Kerze dazu stellen!

Wickelkind
Ton
Dispersions- oder Plakafarbe
Kartonrest (Heiligenschein)
flache Schale
Salatöl
Zeitungspapier
Kleister
Heu
Flaumfedern

Engel und Sterne aus himmlischer Ferne

Hohe Nacht der klaren Sterne,
die wie helle Zeichen steh'n
über einer weiten Ferne,
d'rüber uns're Herzen geh'n.

Geschenkestrauß

In England gibt es den schönen Brauch, im Eingangsbereich der Wohnung einen Strauß immergrüner Zweige aufzustellen und ihn mit Gebäck und kleinen Geschenken zu behängen.
Wer in der Vorweihnachtszeit zu Besuch kommt, erhält eines der Geschenke mit nach Hause.
Unser Strauß ist mit hübschen Fächersternen, Papierblumen, Lebkuchen (s. Seite 80) und Nüssen geschmückt.

Mehrfarbiger Fächerstern

1 Zwei gleich lange, unterschiedlich breite Streifen farbiges Folienpapier auf den breiten Folienstreifen legen und einschlagen.

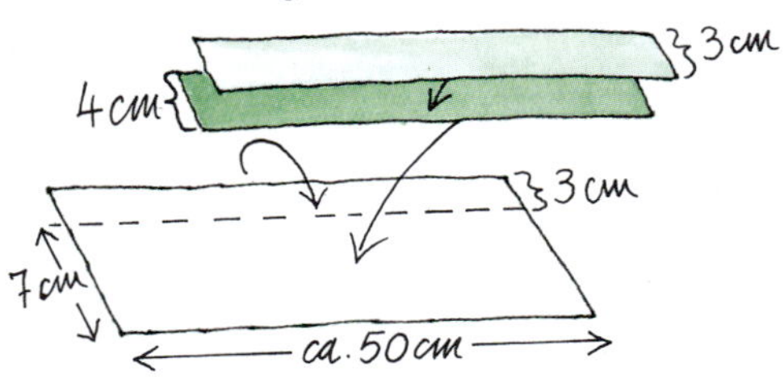

2 Den Streifen wie folgt zu einer Ziehharmonika falten: Folienstreifen in der Mitte falten. Obere Streifenhälfte bis auf Fingerbreite zurückschlagen und falzen (obere und untere Streifenkante bilden eine gerade Linie!). Streifen wenden und andere Streifenseite zurückschlagen (Seitenkanten liegen exakt übereinander!). Bis zum Ende entsprechend weiterfalten.

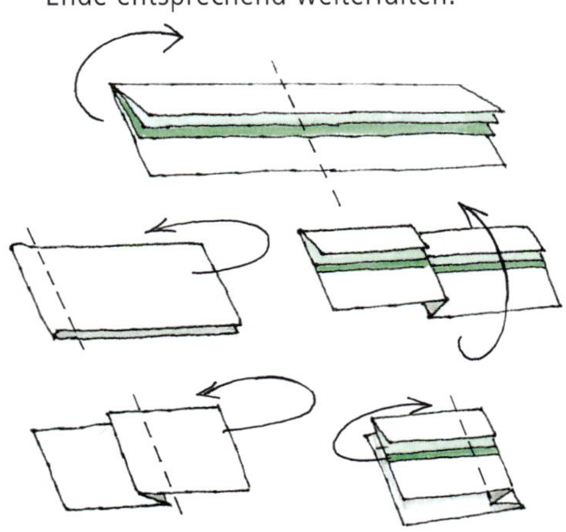

3 Streifen auseinander ziehen, Umschlag zurückklappen und bunte Folienstreifen herausnehmen. Den breiten Streifen aufgeklappt zusammenschieben (trotz anders laufender Brüche der aufgeklappten Hälfte).

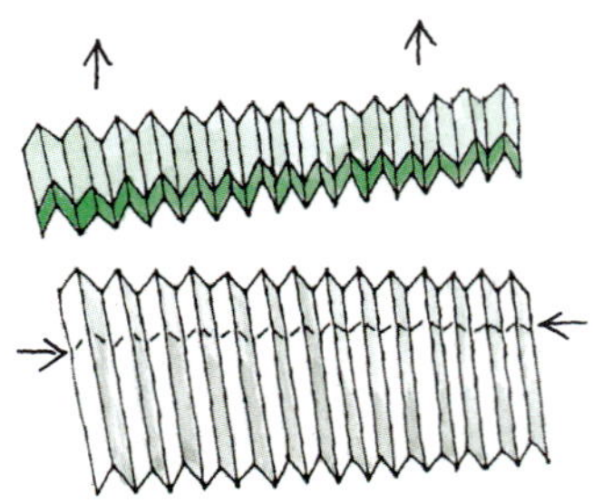

4 Oben und unten Zacken einschneiden.

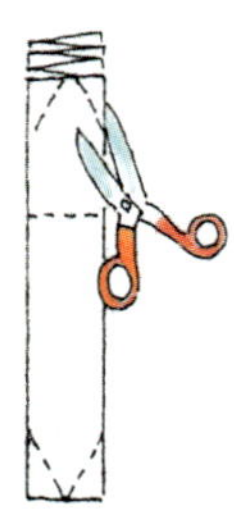

5 Streifen auseinander ziehen, farbige Streifen wieder auflegen und in gezackten Umschlag klappen. Mit einer Nadel unterhalb der Bruchkante Falte für Falte mittig durchstechen und einen Faden durchziehen. Fadenenden miteinander verknoten. Schlaufenende auf Streifenkante kleben (überstehen lassen!).

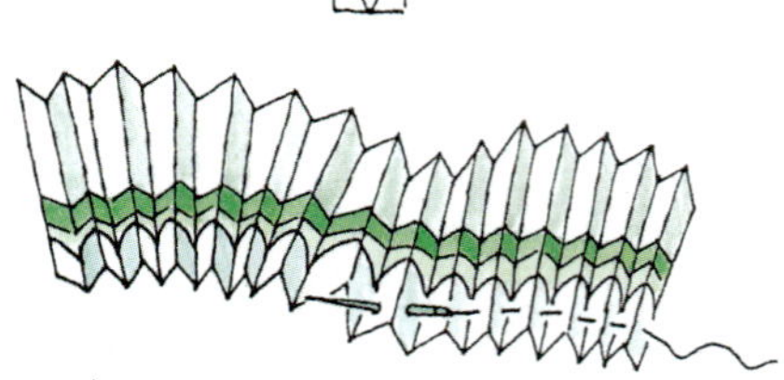

6 Streifen zur Rosette runden und Endkanten aufeinander kleben.

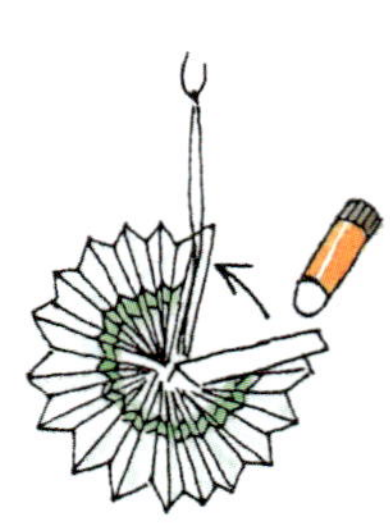

Fächerstern
Folienpapier 50 x 10 cm (silbern)
Folienpapier 50 x 4 cm (dunkelgrün)
Folienpapier 50 x 3 cm (hellgrün)
Schere, Klebestift
Nadel, Faden

1 Beide Streifen an einem Ende spitz zuschneiden.

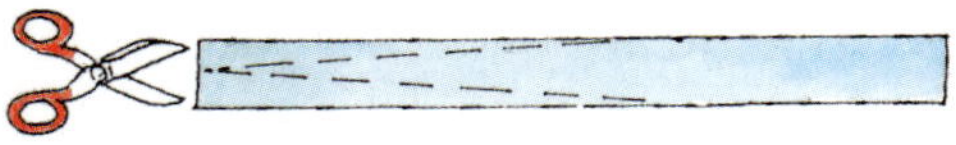

2 Anderes Ende im rechten Winkel darüber kleben und den Streifen zu einer „Hexentreppe" falten.

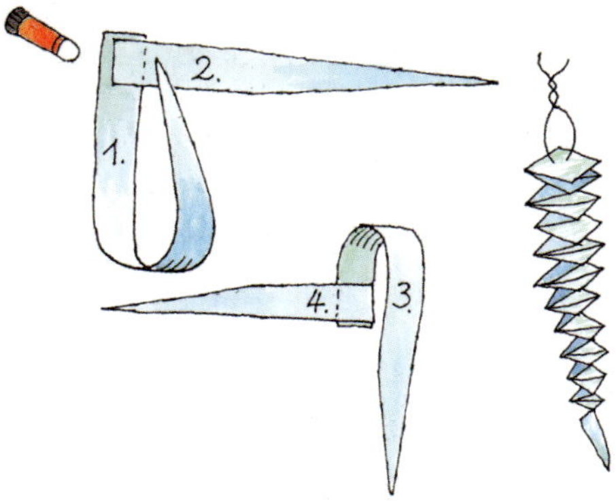

3 Zum Aufhängen Schmuckdraht durch die oberste Treppe ziehen.

Papierblumen

Die Blüten schneidet man (wie die Kakteen auf Seite 17) gezackt oder rund aus gefärbten Filtertüten. Mit Blumendraht am unteren Ende umwickeln und durch einen Kelch aus Eierkarton ziehen.

Eiszapfen

Passend zu den Fächersternen kann man aus zwei je fingerbreiten silbernen Folienpapierstreifen auch „Eiszapfen" als Schmuck für den Geschenkestrauß oder Christbaum falten.

Eiszapfen
Folienpapier
Schere, Klebestift
Schmuckdraht

Weihnachts-Unruhe

In Polen kennt man zarte Gebilde aus Stroh, die schon eine schwache Luftströmung in Bewegung setzt, Unruhe werden sie genannt. Mit angeknüpften Engeln und Sternen aus leichtem Drückblech werden sie zu Weihnachts-Unruhen.

Stroh-Mobile

1 Strohhalmenden mit Folienpapierstreifen umkleben, damit die Enden nicht einreißen können.

2 Aus Blumendraht eine lange Nadel mit schlankem Öhr biegen. Damit den Faden durch einen langen, kurzen und wieder langen Strohhalm ziehen und ein Dreieck bilden. Die Fadenenden verknoten.

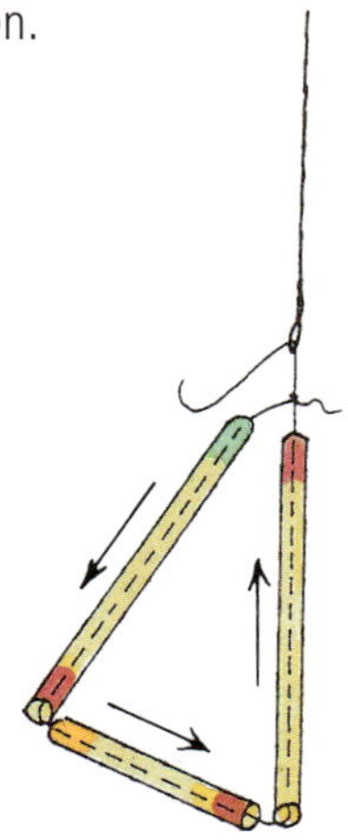

3 Für das nächste Dreieck noch einmal einen Faden durch den langen Halm des Dreiecks ziehen und ein weiteres kurzes und langes Halmstück auffädeln. Das Fadenende mit erstem Fadenende verknoten – usw., bis noch vier lange und vier kurze Halme aufgefädelt sind und eine sechsseitige Pyramide entstanden ist. Diesen Faden noch einmal durch den ersten langen Halm ziehen und verknoten.

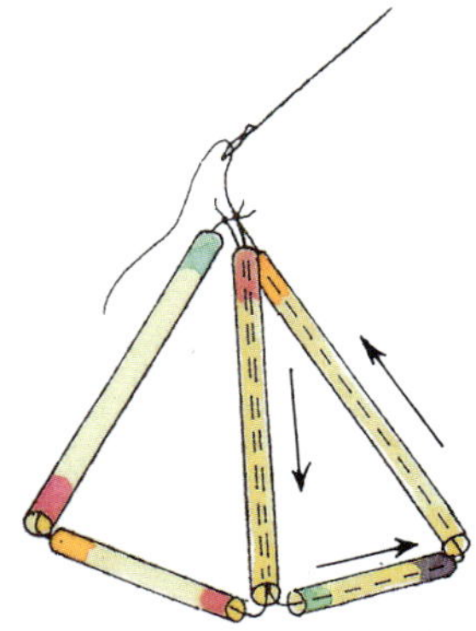

4 Die zweite Pyramidenhälfte wird ebenso angefertigt: Zwei lange Halme durch ein kurzes Halmstück des Oberteils zu einem Dreieck verbinden, verknoten usw.

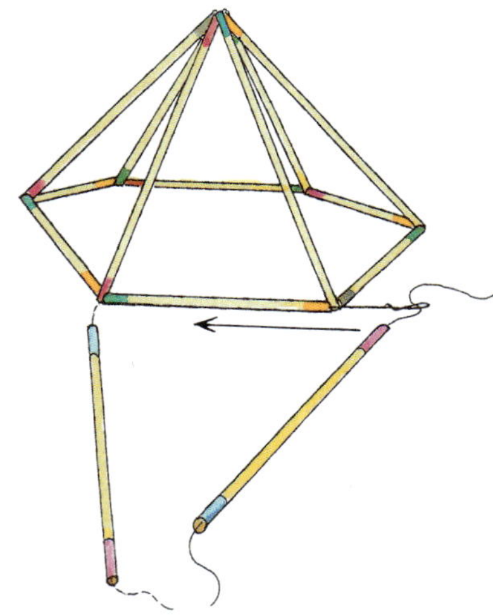

5 Die kleine Unruhe wie die große bauen und daran anknüpfen.

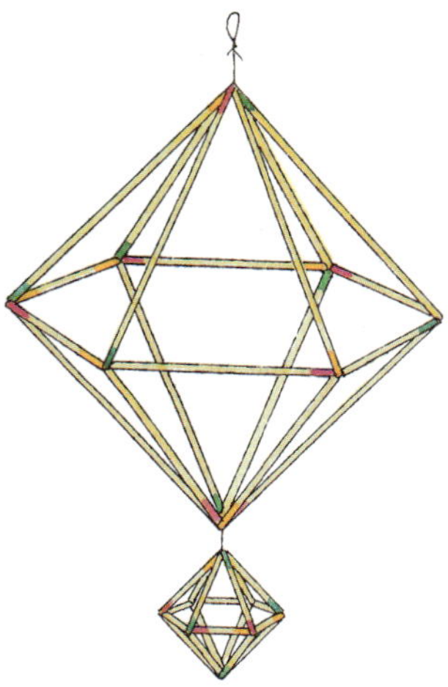

6 Drückblech auf eine Zeitungsunterlage legen, mit Bleistift oder Kugelschreiber prägen (nicht zu fest, sonst reißt es!). Figuren ausschneiden, mit Filzstiften oder Transparentlack bemalen und an die Unruhe knüpfen.

Stroh-Mobile
Große Unruhe:
12 Strohhalme 12 cm
6 Strohhalme 8 cm

Kleine Unruhe:
8 Strohhalme 8 cm
4 Strohhalme 6 cm
Folienpapier , Kleber, Schere
dünner Blumendraht, weißer Zwirn
Drückblech, Bleistift
wasserfeste Filzstifte oder
Transparentlack

Ein Star unter den Sternen

Der geflochtene Stern ist ein Klassiker unter den Weihnachtssternen und wird auch „Fröbel-Stern“ genannt, nach seinem „Entdecker“, Friedrich Fröbel, der als Pädagoge in der ersten Hälfte des 19. Jahrhunderts wirkte.

Zum Flechten verwendet man am besten beidseitig kaschiertes Folienpapier. Für einen Stern werden vier Streifen benötigt. Ihre Länge und Breite richtet sich nach der Größe des Sterns: Für einen ca. 4 cm großen sollten sie 50 cm lang und 2 cm breit sein; ein Stern von 6 cm Größe wird aus 70 cm langen, 3 cm breiten Streifen geflochten. Die Streifen können verschiedene Farben haben, doch ihre Breite muss exakt dieselbe sein. Außer dem Folienpapier wird nur noch eine Schere benötigt.

1 Jeden Streifen der Länge nach zusammenfalten. Die Enden zu stumpfen Spitzen zuschneiden. Streifen in der Mitte zusammenfalten.

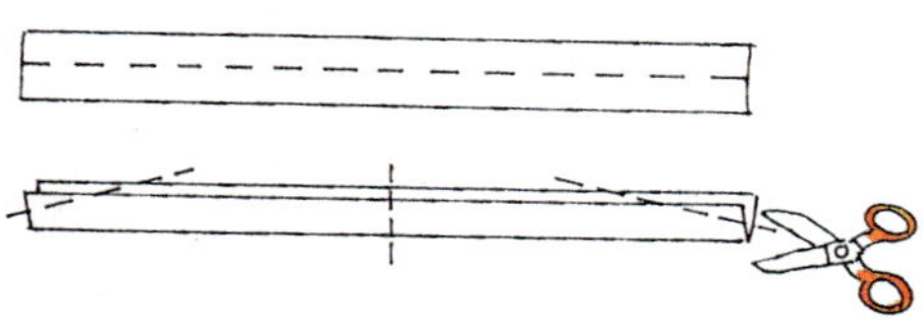

2 Zusammenlegen und zusammenstecken, die Falzkanten zeigen jeweils nach innen.

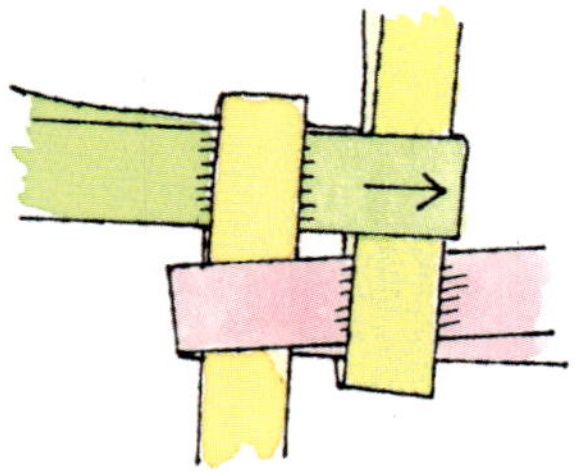

3 Alle vier Streifen festziehen.

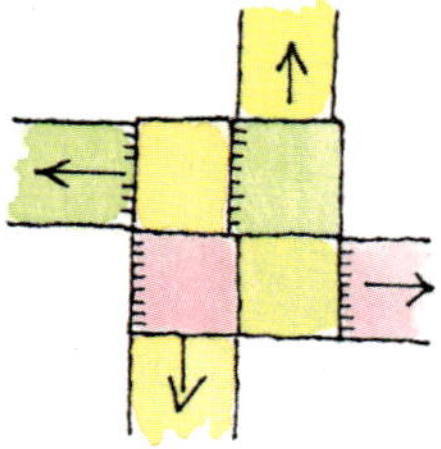

4 Die oben aufliegenden Streifen der Reihe nach falten.

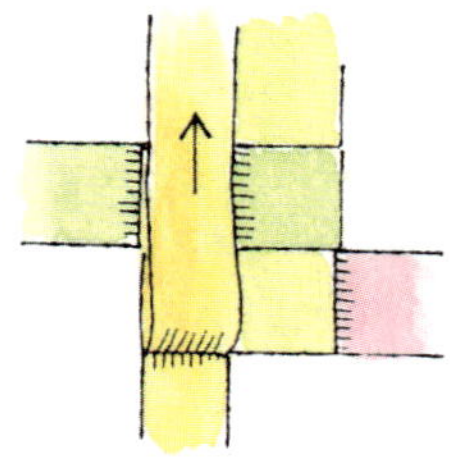

5 Von links nach rechts.

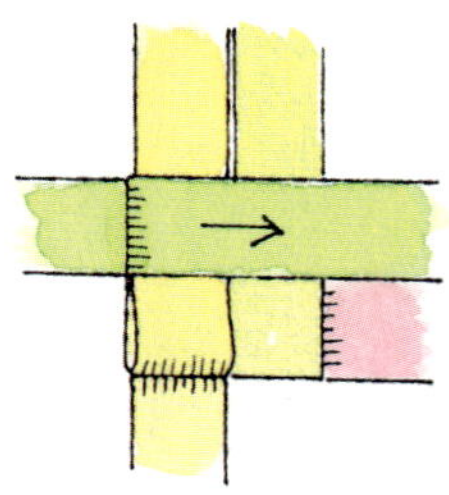

6 Von oben nach unten.

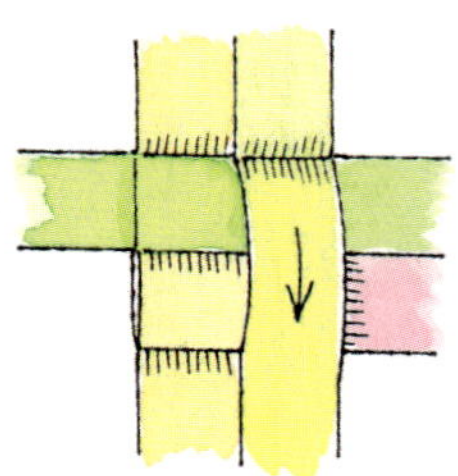

7 Von rechts nach links.

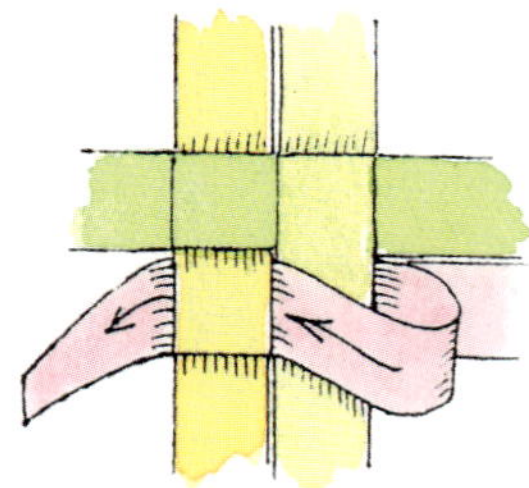

8 Streifen A nach hinten umschlagen und nach oben falten.

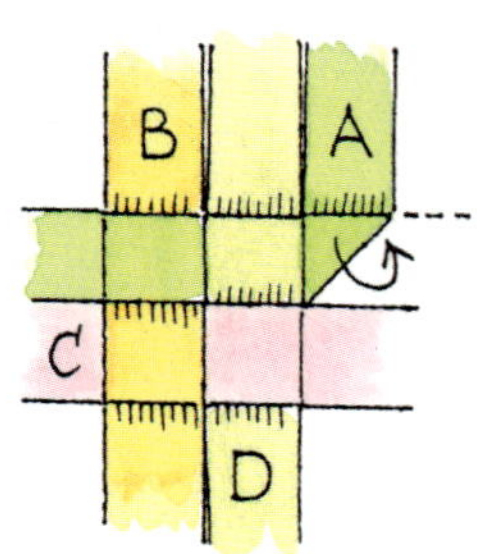

9 Streifen so zurückschlagen, dass ein gleichschenkliges Dreieck entsteht.

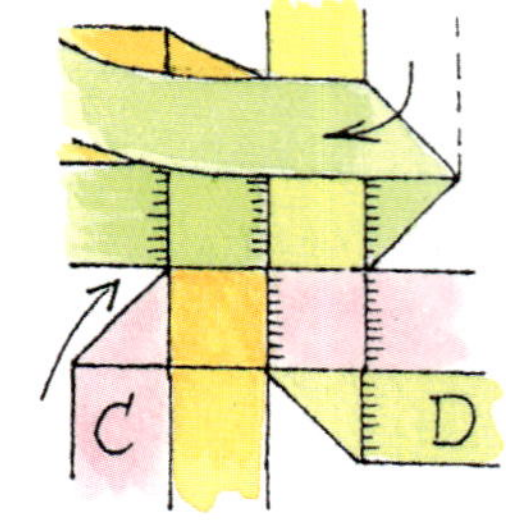

10 Zur Mitte falten.

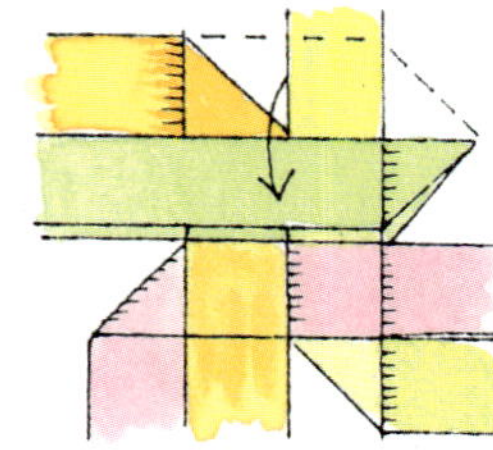

11 Zacke leicht nach hinten biegen und das Streifenende A durch das Flechtquadrat schieben. Schritte 8–11 bei Streifen B, C und D wiederholen.

12 Stern wenden, restliche Streifen zu Zacken falten.

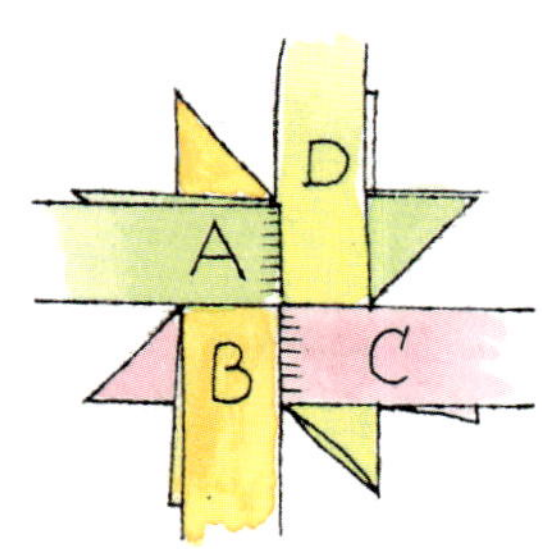

13 A nach hinten umschlagen und unter B schieben, bis die Spitze aus der Zacke austritt.

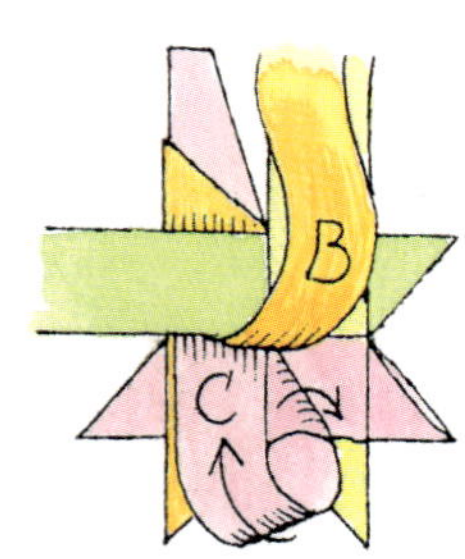

14 Festziehen, bis eine Spitztüte entsteht, Überstand abschneiden.

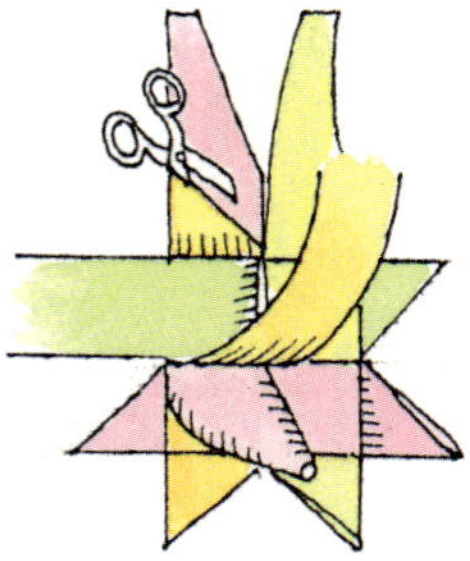

15 B nach hinten umschlagen, unter C-Streifen schieben usw.

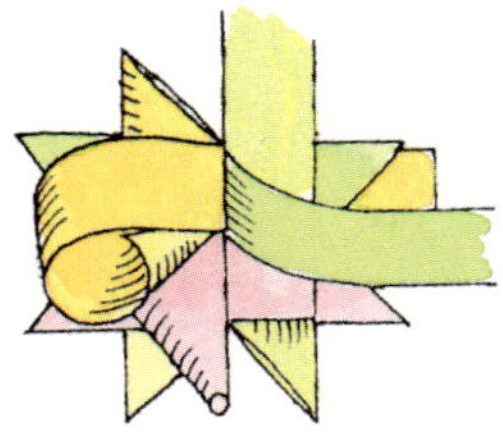

16 Stern wenden, nochmals vier Spitztüten drehen und die Streifenenden zu den Seitenzacken durchschieben. Die Überstände abschneiden.

Himmlische Heerscharen

Als lichte Leuchterwesen schmücken sie den Raum oder stimmen uns draußen im Wind mit Harfe und Posaune auf fröhliche Weihnachten ein. Ihre Kleider sind aus dünnem Blech geschnitten und darum wetterfest.

Leuchterengel

1 Mit Hilfe von Raspel und Feile aus einer breiten Leiste einen Engelskopf formen. Mit Rundraspel Hals und Taille bilden und mit Schleifpapier glätten.

2 In Schulterhöhe die Leiste auf der Breitseite 1 cm tief einsägen, 2 cm darunter noch einmal. Dann das Holz zwischen den Einschnitten mit Stemmeisen herausschlagen.

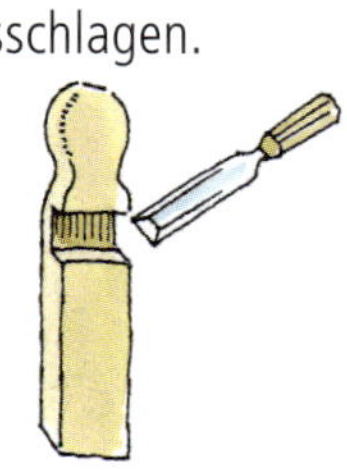

3 Aus der Mitte der schmalen Leiste eine Nut, 4 cm breit, 1 cm tief, herausschlagen. In Handhöhe die Löcher für die Kerzenhalter bohren. Hände mit der Rundraspel formen.

4 Armholz mit der Aussparung in die Nut der Körperleiste leimen.

5 Einen Viertelkreis für den Trichterrock aus dem Blech schneiden.

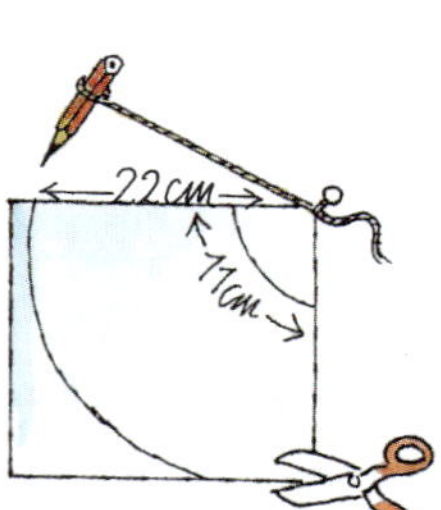

6 Mit einem Spitzbohrer oder Nagel ein Muster in den Rock lochen.

7 Blech zu einem Trichter biegen und an die Körperleiste nageln.

8 Rock auf der Rückseite wie einen Schuh mit Blumendraht zuschnüren.

9 Körper und Rock mit Lack bemalen. Flügelpaar und Heiligenschein aus Blech schneiden, bemalen und festnageln. Den Dorn der Kerzenhalter mit Zwickzange kürzen, dann die Handlöcher stecken und Kerzen einsetzen.

Leuchterengel
Holzleiste, 20 x 4 x 2 cm
Holzleiste, 20 x 2 x 2 cm
Halbrund- und Rundraspel
Feile, Feinsäge
Stemmeisen
Holz- und Eisenhammer
Holzleim
dünnes Alublech (Offsetblech)
2 Steckkerzenhalter mit Kerzen
Bohrer Ø 3 mm
Zwickzange
robuste Haushaltschere
Spitzbohrer oder Nagel
Brettunterlage
kleine Nägel
Blumendraht
Lackfarben (wasserlöslich)

Windengel

1 Engelform auf Blech zeichnen und ausschneiden.

2 Engel bemalen. Nach dem Trocknen Kleid und Flügel s-förmig biegen. Halteschlaufen mit dem Spitzbohrer durchlochen und im rechten Winkel umbiegen.

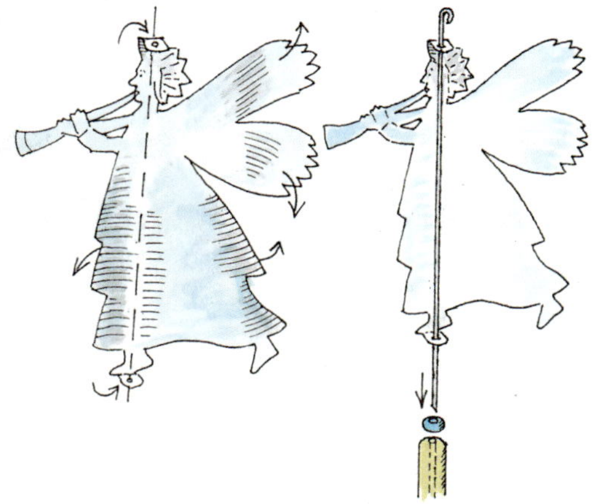

3 Eine Öse in den Draht drehen. Den Draht durch die Halteschlaufen und eine Perle (gegen den Reibungswiderstand) schieben und in einen Bambusstab stecken (Loch vorbohren!)

Windengel
dünnes Weißblech
Blechschere
Spitzbohrer oder Nagel
Zwick- und Biegezange
dicker Draht (z. B. Reinigungs-Kleiderbügel)
Transparentlack, Lackfarben
Glasperle, Bambusstab

Suchbild mit Sternen

Für die heiteren Sterne fertigt man eine Form, in die Papierbrei gedrückt wird. Zwei der hier abgebildeten Sterne kommen aus der gleichen Form!
Durch Beimengen von Sägemehl und Leim wird die Papiermaschee-Masse besonders fest und haltbar.

Papiermaschee-Sterne

1 Tonkugel zu einer fingerdicken Scheibe ausrollen.

2 Mit einem Schaschlikholz Abschnitte einritzen.

3 Je eine Tonschnur, -scheibe und -kugel auflegen und feststreichen.

4 Ein Muster mit Spitze oder Rückseite eines Bleistifts eindrücken. Die Zacken mit dem Messer ausschneiden.

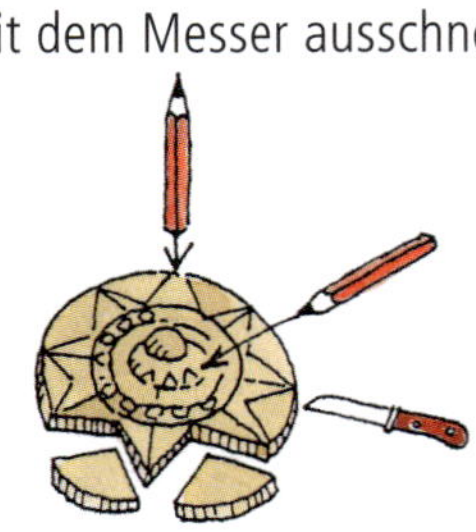

5 Den Stern auf eine glatte Plastik- oder Glasunterlage legen und eine dicke Tonschnur herumlegen.
Die Tonschnur fest an die Unterlage streichen und durch Zusammendrücken in die Höhe ziehen (zwei Finger breit über den Tonstern!), nötigenfalls eine zweite Tonschnur darauf setzen. Gipsmasse anrühren und gut fingerbreit über den Stern gießen.

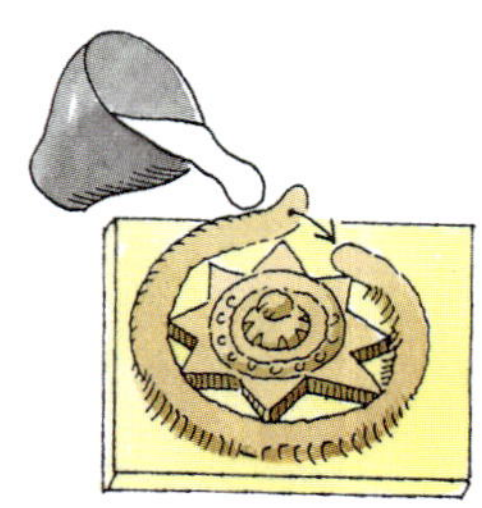

6 Nach Abbinden des Gipses (ca. zwanzig Minuten) den Tonwulst entfernen und die Form wenden. Eine Sternzacke mit dem Messer hochhebeln und den Gipsabdruck aus der Form heben. Den Gips gut trocknen lassen.

7 Zeitungspapierfetzen mit lauwarmem Wasser im Mixer zerkleinern, in ein Sieb schütten und abtropfen lassen. Papiermasse in eine Schüssel geben, dazu eine Hand voll Sägemehl, etwas Holzleim und etwas Kleister. Die Masse durchkneten (falls zu trocken: etwas Kleister dazugeben).

8 Die Gipsform dünn mit Vaseline einfetten und die Papiermasse bis zum Rand hineindrücken. Mehrere Tage trocknen lassen, dann den Papiermaschee-Stern aus der Form kippen.

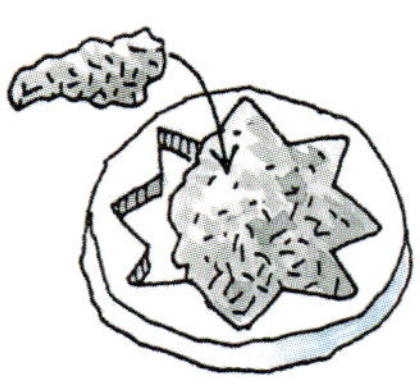

9 Mit Dispersionsfarbe bemalen und rückwärts eine Aufhängeschnur ankleben.

Papiermaschee-Stern
Ton
Nudelholz
Schaschlikhölzchen
Bleistift, Messer
Gips, Vaseline
Zeitungspapier
Mixer, Sägemehl
Holzleim, Kleister
Dispersionsfarbe
dünne Schnur

Äpfel und Birnen
Papiermaschee (s. Stern)
Holzfeile, Schleifpapier
weiße Dispersionsfarbe
Farbpigmente-Pulver
Bohnerwachs
Polierlappen
Aststück, Holzleim

Äpfel und Birnen

1 Aus der gleichen Papiermaschee-Masse werden Apfel und Birne mit der Hand geformt. Mit einem Rundholz ein Loch für den Stängel eindrücken.

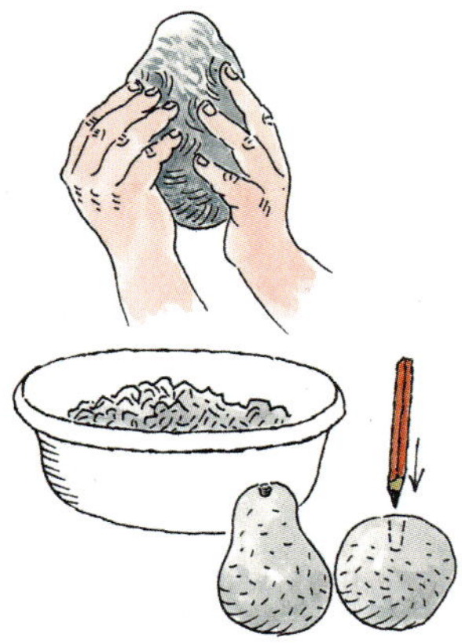

2 Nach dem Trocknen (ca. drei Tage) alles mit Feile und Schleifpapier glätten, mit weißer Dispersionsfarbe grundieren.

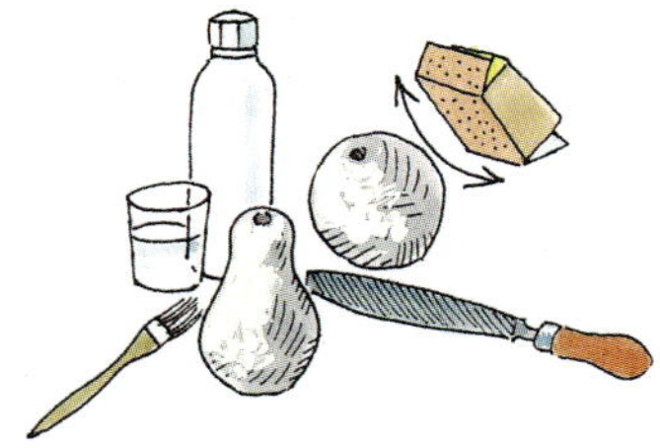

3 Ein Tuch um den Zeigefinger wickeln, damit zuerst in Bohnerwachs, dann in Farbpigment tauchen und die Früchte damit einreiben und färben. Anschließend die Früchte polieren und in das Loch ein Stück Astholz kleben.

Zarter Baumschmuck

Lampionblumen

Die orangeroten Ampeln aus Seidenpapier drehen sich schon beim leisesten Lufthauch und ihre Farbe leuchtet zu Weihnachten warm vor dem dunklen Grün der Tannen.

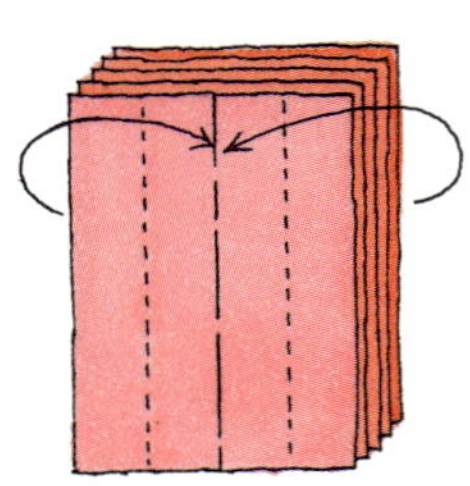

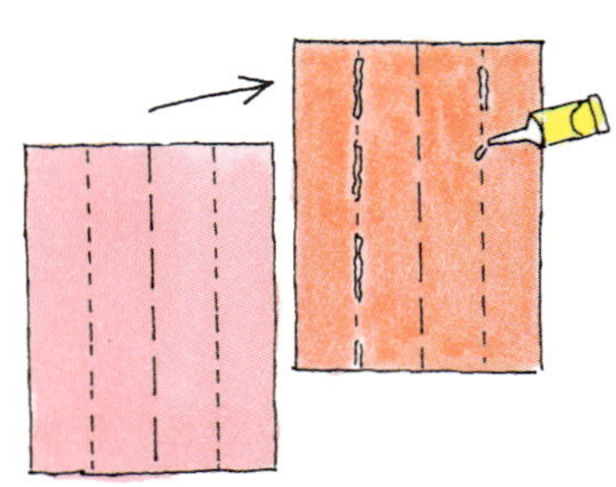

1 Seidenpapier auf Tonpapier legen und alle Schichten längs in der Mitte falten. Öffnen und Seiten wie Schranktüren auf den Mittelbruch falzen.

2 Dann zunächst die neuen Bruchlinien auf dem Tonpapier dünn mit Klebstoff bestreichen und einen Bogen von dem Seidenpapier darauf kleben.

3 Das Seidenpapier wie das Tonpapier mit Kleber bestreichen. So Bogen auf Bogen kleben und dann den Stapel der Länge nach halbieren.

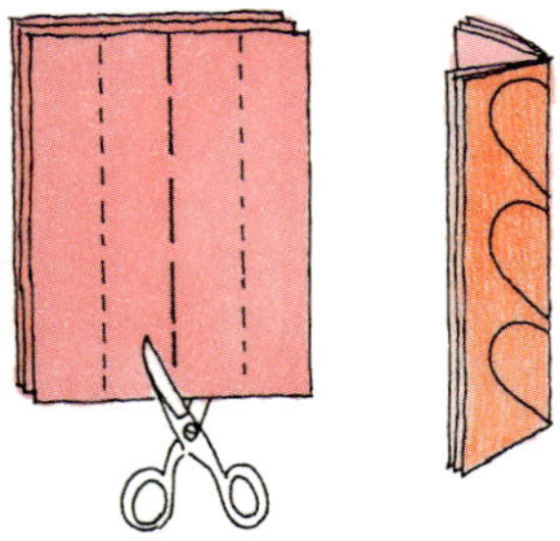

4 Die beiden Hälften in der Mitte der Länge nach falzen und je drei halbe Herzen ausschneiden.

5 In die Mitte des Tonpapierherzens den Aufhängefaden kleben.

6 Beide Hälften des Tonpapierherzens zusammenkleben und das Seidenpapier auseinander fächern.

Lampionblumen
1 Bogen orangerotes Tonpapier DIN A 4
6–8 Bögen orange und rotes Seidenpapier DIN A 4
Kleber, Schere, Faden

Sterngirlanden

Die Sternenketten aus Seidenpapier sind ein schwereloser Schmuck für Weihnachtszweige, Adventskranz oder den Christbaum.

1 Gewünschte Sternform abpausen oder kopieren (evtl. vergrößern) und ausschneiden.

2 Seidenpapierstreifen ziehharmonikaförmig auf Sternbreite zusammenfalten.

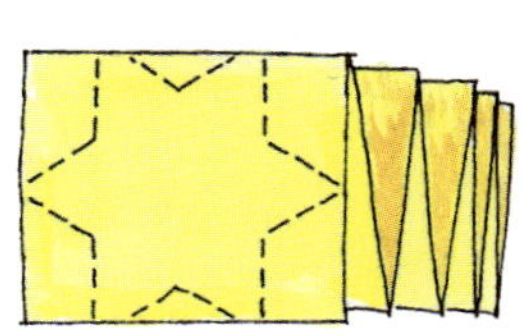

3 Sternschablone auf Seidenpapier legen und ausschneiden. Achtung! Nicht die Spitzen an den Falzkanten durchtrennen! An den Spitzen 2–3 mm breite Stege stehen lassen.

Sterngirlanden
Seidenpapier
Schere

Bäckerei auf Wolke drei

Was tut's Englein, könnt ihr's raten?
Plätzchen backen, Äpfel braten;
schon das dritte Lichtlein brennt:
süße Düfte im Advent.

Beim Bäckerengel

Butterplätzchen

300 g Mehl
200 g Butter
100 g Zucker
2 Eigelb
1 Teelöffel Rum
(1 Fläschchen Rum- oder Zitronenaroma)

1 Das Mehl auf ein Backbrett oder in eine große Schüssel sieben. Butter in Stücke geschnitten dazugeben und mit Zucker überstreuen. In die Mitte eine Mulde drücken und das Eigelb hineingeben. Alle Zutaten zusammenkneten und kalt stellen.

2 Portionsweise auf eingemehltem Backbrett ca. 4 mm dick ausrollen und mit beliebigen Formen ausstechen. Mit dem Messer die Teigformen auf das eingefettete Backblech heben. Das Backrohr vorheizen, das Blech auf die mittlere Schiene des Ofens schieben und bei 180° C zehn bis zwölf Minuten lang backen (Gasherd Stufe 2–3, Umluftherd 160° C). Vom Blech heben und auf einem Kuchengitter auskühlen lassen.

Die Küche ist leer und niemand zu sehen. Engelsflügel liegen abseits. Vielleicht ruht sich der Bäckerengel gerade auf einer Wolkenbank aus?
Ob Flügel oder Tannenbaum, Stern, Herz oder Vogel – Butterplätzchen, mit unterschiedlichen Formen ausgestochen, gehören auf jeden Weihnachtsteller. Ob noch warm in Zimt und Zucker gewälzt wie die Engelsflügel, ob mit Eigelb, Schokolade, Zuckerguss überzogen oder ganz unbehandelt: Sie sind eine Freude für Auge und Gaumen!

Zuckerguss

150 g Puderzucker
etwas heißes Wasser oder
Zitronensaft oder Rum
Lebensmittelfarbe
Mini-Smarties
(Mandeln, Liebesperlen)

Für die Glasur Puderzucker mit dem Kochlöffel durch ein Sieb streichen und mit ein bis zwei Esslöffel Flüssigkeit (in kleinen Portionen dazugeben!) glatt rühren. Teilmengen des Zuckergusses mit Lebensmittelfarbe färben und die Plätzchen damit verzieren. Mini-Smarties in die feuchte Glasur drücken.

Schokoladenüberzug

Für Nikolaus und Tannenbaum Schokoladenkuvertüre im Wasserbad schmelzen und Plätzchen mit einem Backpinsel damit bestreichen. In den noch warmen Überzug des Nikolausmantels bunte Smarti-Knöpfe und eine Mandel-Tasche drücken.

Bauanleitung der Puppenküche s. Seite 100.

Gebackene Küsse

Luftig leichtes Schaumgebäck aus Eischnee und Zucker wird „Baiser“ genannt, nach dem französischen „Kuss“. Die runden, mit Liebesperlen bestreuten Plätzchen heißen darum auch „Engelsküsse“. Sie schmecken besonders gut zu Eis und Schlagsahne. Das weiß auch das Pärchen mit Schleife und Zylinder – es wartet nur darauf, vernascht zu werden!

Engelsküsse

4 Eiweiß (sehr kalt)
250 g feiner Zucker
1 Teelöffel Zitronensaft
rote Lebensmittelfarbe
Liebesperlen

1 Vier Eiweiß steif schlagen. Zitronensaft dazugeben und nach und nach den Zucker. Die Masse muss seidig glänzen und feste Spitzen bilden. Einen Teil des Eischnees mit ein paar Tropfen roter Lebensmittelfarbe rosa färben.

2 Ein Backblech mit Backtrennpapier auslegen und mit zwei Teelöffeln kleine Häufchen aus Eischaum darauf setzen. Über die weißen und rosa Plätzchen Liebesperlen streuen.

3 Das Blech auf die mittlere Schiene des vorgeheizten Backofens (120° C) schieben. Den Backofen auf 70° C zurückschalten und die Baisers zwei bis drei Stunden mehr trocknen als backen. Sie sind fertig und auch von unten gut durchgetrocknet, wenn sie beim Anfassen nicht mehr nachgeben und sich auf dem Backpapier verschieben lassen ohne zu kleben. (Gasherd: Stufe 1, nötigenfalls die Klappe geöffnet lassen.)

Männer im Schnee

1 Die Eischneemasse wie bei den Engelsküssen vorbereiten. Mit zwei Teelöffeln wird der Eischaum dann in zwei (kleiner Schneemann) oder drei Häufchen (großer Schneemann) eng aneinander auf das Backpapier gesetzt.

2 Rosinen-Knöpfe und ein länglicher Mandelsplitter als Nase in die Masse stecken, Zylinderhüte aus schwarzem Glanzkarton auf den Kopf setzen. Schleifen, gedreht aus Bonbonfolie, werden unters Kinn gedrückt. Im Backrohr wie die Engelsküsse „trocknen“.

Flammende Herzen

500 g Mehl
500 g Butter
250 g Zucker
5 Eigelb
1 Esslöffel Arrak

Guss:
Himbeermarmelade
250 g Puderzucker
2 Esslöffel Zitronensaft

1 Aus den Zutaten einen Mürbteig (s. Seite 76) kneten und kühl stellen. Portionsweise auswalken (etwa 3 mm dick) und Herzen ausstechen.
Bei 200° C ca. zehn Minuten backen.

2 Auf die noch warmen Plätzchen durchpassierte Himbeermarmelade streichen und antrocknen lassen. Über die Marmelade dünnflüssigen Zitronenguss streichen.

Tipp:
Plätzchen und Schaumgebäck schmecken frisch am besten! Zum Aufbewahren oder zum Verschenken sollte man sie gleich nach dem Abkühlen in Blechdosen füllen. Plätzchen mit Überzug dabei lagenweise zwischen Butterbrotpapier schichten.

Nussbusserl

3 Eiweiß
200 g Puderzucker
250 g geriebene Haselnüsse
100 g ganze Haselnüsse
Backoblaten (5 cm groß)

dazu noch für die dunklen Busserl unter die geriebenen Haselnüsse mischen:
1 gehäufter Esslöffel Kakaopulver
und für Erwachsene:
½ Teel. Espressopulver
(oder 1 Teel. Kaffeepulver)

1 Puderzucker durch ein Sieb streichen. Drei Eiweiß steif schlagen und dabei nach und nach Puderzucker dazugeben. Die gemahlenen Haselnüsse unterheben (nicht verrühren, sonst zerfällt der Eischnee!). Backblech mit Oblaten belegen und mit zwei Teelöffeln kleine Portionen der Eischaum-Nussmasse darauf setzen. In die Mitte eine ganze Nuss drücken.

2 Blech auf mittlere Schiene schieben und im vorgeheizten Backrohr bei 130° C ca. zwanzig Minuten lang hell backen. (Gasherd: Stufe 1, Klappe einen Spalt geöffnet lassen.)

Lebkuchenmänner

Niklasbubbe oder Klausenmännle heißt dieses traditionelle Weihnachtsgebäck. Das Rezept für die Lebkuchenmänner stammt aus einer Zeit, als raffinierter, weißer Rohrzucker in Europa noch unbekannt war und stattdessen Honig zum Süßen verwendet wurde. Dazu kamen auf weitem Weg aus Übersee kostbare Gewürze: Piment- und Nelkenpulver, Kardamom, Muskatnuss, Zimt und Pfeffer. Man verzierte die Honig- oder Pfefferkuchen mit Mandeln und prägte mit Holzmodeln Reliefbilder hinein. Später beklebte man sie mit bunt glänzenden Drucken, so genannten „Oblaten", „Wünschen" oder „Lackbildern". Auf unseren Klausenmännern sind ebenfalls „Oblaten" aufgebracht, sie wurden mit Filzstiften gemalt und mit Zuckerguss aufgeklebt.

Lebkuchen

200 g Honig
100 g Zucker
50 g Schmalz
500 g Mehl
2 Eier
1 Päckchen Backpulver
1 Teel. Zimt
1 Teel. Muskat
1 Teel. Pfeffer
1 Teel. Piment
1 Teel. Ingwer

1 Honig, Zucker und Schmalz erhitzen. Auf das Mehl in einer Schüssel gießen und erkalten lassen. Eier, Backpulver und Gewürze dazugeben und alles miteinander verkneten, bis der Teig ganz glatt ist. Zugedeckt unter einer Folie mehrere Tage in der Schüssel ruhen lassen.

2 Auf einem bemehlten Brett den Teig portionsweise ausrollen. Formen ausschneiden oder ausstechen. Auf gebuttertem Blech auf mittlerer Schiene bei 175° C (Gasofen: Stufe 2, Umluft 155° C) zwanzig Minuten lang backen.

Klausenmänner

Klausenmänner
Papier DIN A4
Filzstifte, Schere
spitzes Messer
Zuckerguss
Karton
Folienpapier
Klarsichtfolie (Cellophan)
Geschenkband

1 Klausenmänner auf Papier zeichnen und ausschneiden. Schablone auf den Teig legen und den Umriss mit einem Messer ausschneiden. Nun Schablone abheben, Figur mit Rosinen und Mandeln verzieren, auf das Backblech legen und backen.

2 Kopf von der Schablone trennen und mit Zuckerguss (zwei bis drei Tropfen) auf den Lebkuchen kleben. Auf den Arm einen Christbaum aus Papier kleben.

3 Zum Verschenken einen Karton in Folienpapier einschlagen. Klausenmann auflegen und Klarsichtfolie darüber schlagen. Mit Geschenkband verschnüren.

Knabberhäuschen zum Nachfüllen

„Knusper, knusper, knäuschen – wer knabbert an meinem Häuschen?“ Hier darf geknabbert werden und es besteht keine Einsturzgefahr! Die Hexe muss auch nicht böse werden, denn es bleibt keine „Lebkuchen-Bruchbude“ zurück.

Das Hexenhaus aus Karton ist mit kleinen Faltschachteln aus Folienpapier gedeckt, die mit Weihnachtsgebäck gefüllt werden. Es kann mit einer Taschenlampe von innen beleuchtet werden und damit abends trauten Schein verbreiten.

Hexenhäuschen

1 Mit Metalllineal und Cutter die Giebelform des Hauses in die Vorder- und Rückseite des Getränkekartons ritzen. Ebenso die entsprechende Höhe der Seitenwände.

2 Mit Dispersionsfarbe bemalen. Nach dem Trocknen Fensteröffnungen ausschneiden. Von innen farbiges Drachenpapier dagegen kleben. Entlang der Ritzspur die Kartonüberstände nach innen drücken und zusammenkleben.

3 In die Rückwand eine Türe für die Taschenlampe schneiden. Ein Rechteck aus Karton, gut eine Hand breiter und etwas länger als der Grundriss des Hauses, zu einem Satteldach knicken (erst anritzen!) und aufkleben. Folienpapier mit fingerbreitem Überstand auf das Dach kleben.

4 In den Überstand Zacken schneiden und nach unten drücken. Auf die Folie Faltschachteln (s. Faltplan) und einen runden Kamin kleben. In den Kamin Rauch aus Watte drücken. Für den Garten einen Kartondeckel mit Folienpapier beziehen und Zacken für den Zaun einschneiden. Den Garten mit Gebäck füllen und Hänsel und Gretel aus Lebkuchenteig (s. Seite 80) hineinstellen.

Faltschachtel

1 Diagonallinien falten und Ecken B und C auf den Mittelpunkt legen.

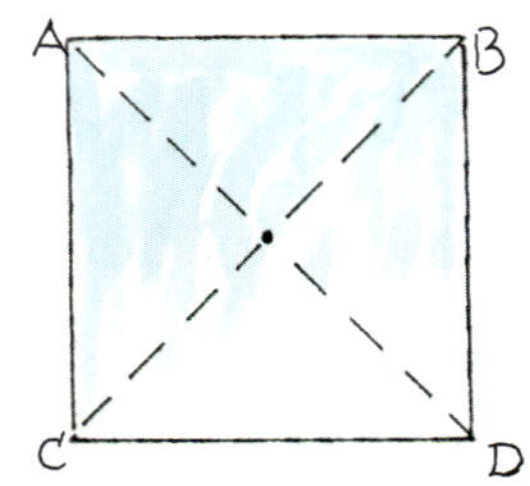

2 Beide Faltkanten auf die Diagonallinie legen.

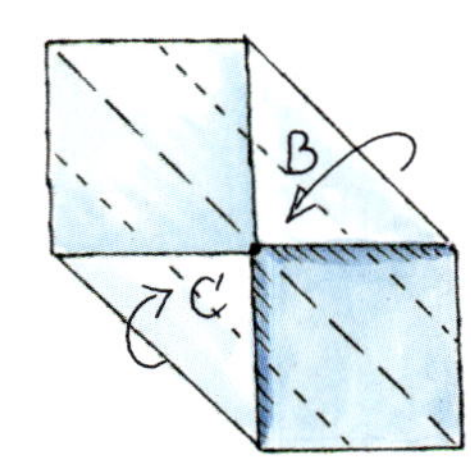

3 Öffnen und mit den Ecken A und D ebenso verfahren.

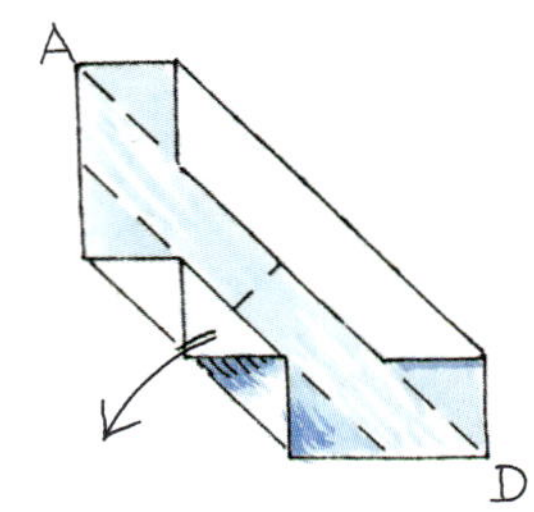

4 Anschließend die markierten Ecken einschneiden.

5 A und D auf den Mittelpunkt legen, am Falz hochklappen und die Seitenflügel übereinander schlagen.

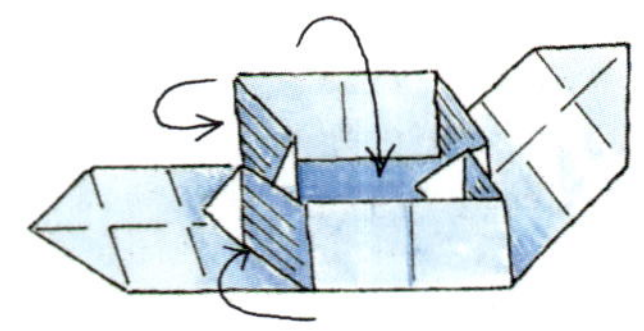

6 Ecken B und C über die Seitenflügel klappen.

Hexenhäuschen
Getränkekarton
großes Karton-Rechteck
Cutter, Metalllineal
Klebstoff, Watte
Drachenpapierreste
Dispersionsfarben
Folienpapier
Taschenlampe
Origami-Faltpapier
(ca. 30 Blatt)
Gebäck

Tipp:
Für alle, die es salzig mögen, gibt es Brotschnitten mit einem Zaun aus Salzstangen und Crackern. Der Schneehügel aus Quark und Frischkäse mit Sahne ist mit etwas Salz und Pfeffer abgeschmeckt.

Weihnachtsmarkt

Fröhliche Weihnacht, überall
tönet durch die Lüfte froher Schall.
Weihnachtston, Weihnachtsbaum,
Weihnachtsduft in jedem Raum.
Fröhliche Weihnacht überall …

Auf dem Weihnachtsbasar

Ein Duft nach Waffeln, heißen Maronen, Zimt und Wachs erfüllt den Raum. Zwischen den kleinen Buden herrscht neugieriges Gedränge. Im Angebot sind Geschenkpapiere und Weihnachtskarten, Lebkuchenherzen, Baumschmuck, Krippen, Hinterglasbilder, gebrannte Mandeln, Fruchtpunsch und noch vieles mehr! Die Buden sind schnell auf- und abgebaut, die Bambusstangen für den nächsten Basar platzsparend verstaut.

Basar-Bude
Tisch oder Tischplatte mit Böcken
Bambusstangen (Gartencenter)
Abdeck-Klebeband
2 Betttücher

Basar-Bude

1 Um den Tisch ein Gerüst aus Bambusstangen bauen. Die Knotenpunkte mit Abdeckband kreuzweise zusammenbinden.

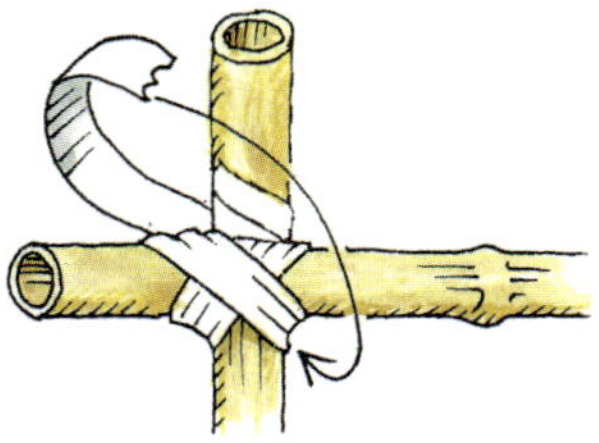

2 Seitenstangen aneinander befestigen. Mit zusätzlicher Diagonalstange erhöht sich die Stabilität.

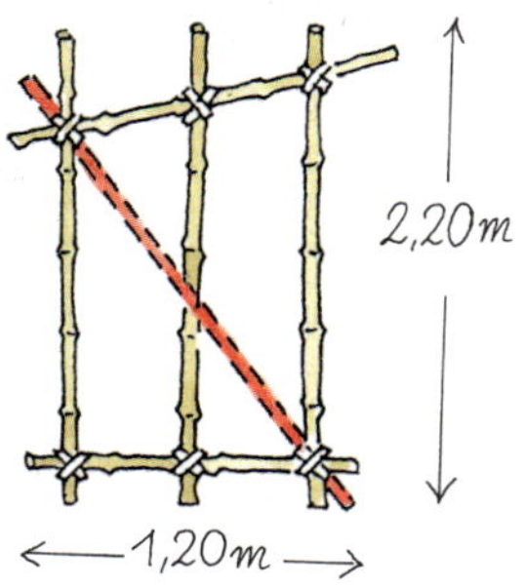

3 Seitenteile mit Querstangen verbinden (Breite richtet sich nach Tischlänge).

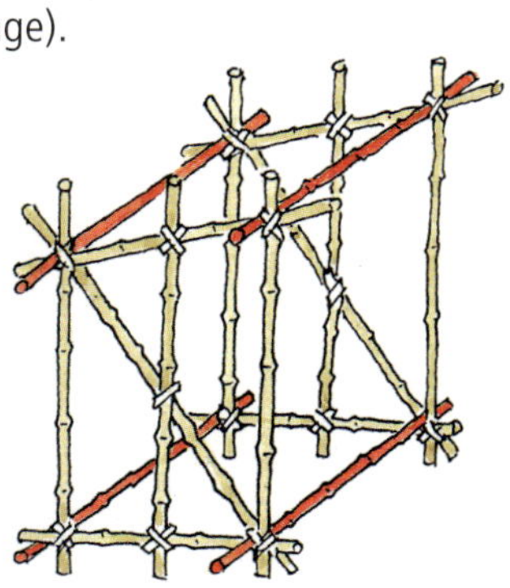

4 Durch Diagonalstangen das Gerüst versteifen. Ein Betttuch bis zum Boden überhängend auf die Tischplatte legen. Ein zweites Betttuch als Dach mit Wäscheklammern an den oberen Querstangen befestigen.

Gebrannte Mandeln

etwas Wasser
200 g Mandeln
200 g Zucker
1 Packung Vanillezucker
1 Messerspitze Zimt

Wasser mit Zucker und Gewürzen aufkochen lassen, dann die Mandeln dazugeben. Herdplatte zurückschalten und das Wasser unter ständigem Rühren zu Sirup verdampfen lassen. Wenn sich viele kleine Blasen zu bilden beginnen, nur noch wenig umrühren. Dann die Mandeln vorsichtig auf ausgelegte Alufolie stürzen, mit einem Kochlöffel auseinander teilen und abkühlen lassen.

Fruchtpunsch

(für ca. 4 Personen)
½ l Apfelsaft
½ l Johannisbeersaft
½ l schwarzer Tee
Schale einer unbehandelten Zitrone
Saft von 1 Zitrone
Saft von 4 Orangen
1 Zimtstange
5 Nelken
1 Beutel Glühweingewürz

Säfte mit den Gewürzen erwärmen und den Tee dazugießen – nicht kochen lassen! Durch ein Sieb in eine Thermoskanne gießen.

Hurra, die Post ist da!

In Amerika und England ist die Freude über Weihnachtspost besonders groß. Dort werden die erhaltenen Karten auf dem Kaminsims aufgestellt oder mit Klammern an einer gespannten Schnur gesammelt. Selbst gemachte Karten sind die originellsten – ob gemalt, geklebt, gefaltet oder geschnitten. Wer viele Adressaten hat, wählt am besten eine Stempel-, Schablonen- oder Drucktechnik. Besonders viele Gestaltungsmöglichkeiten zum Vervielfältigen bietet der Linolschnitt.

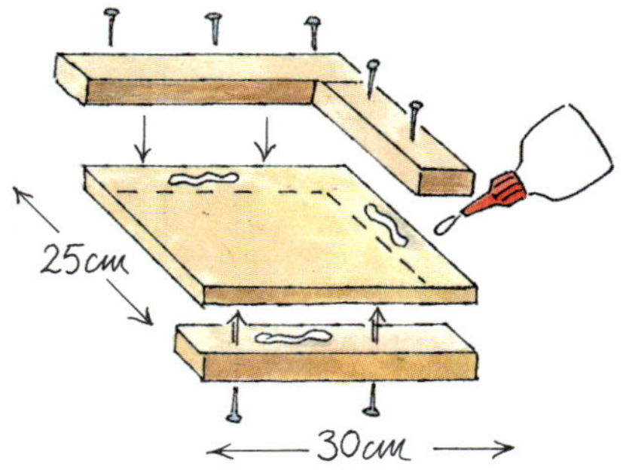

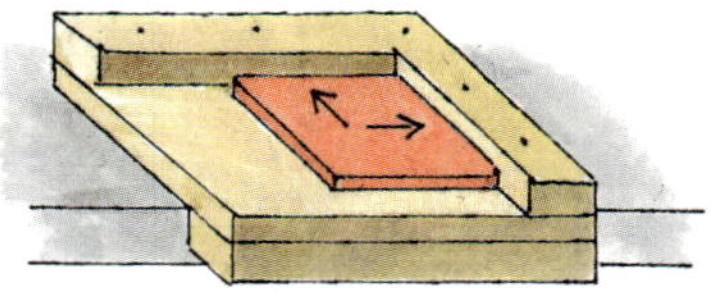

Sterne über der Stadt

1 Häuser und Sterne auf die Linolplatte zeichnen und alle Linien mit dem v-förmigen Messer (Geißfuß) ausschneiden. Mit dem breiten u-förmigen Messer die Flächen um Häuser, Sterne und Fensterscheiben abtragen.

2 Etwas Linoldruckfarbe (2–3 cm) auf eine Glasplatte drücken. Mit der Gummiwalze so lange ausrollen, bis die Farbe gleichmäßig auf Glasplatte und Farbwalze verteilt ist. Die Linolplatte mit der Walze einfärben.

3 Auf die eingefärbte Linolplatte ein Blatt Seidenpapier legen. Mit Druck – aber ohne Farbe! – mit einer zweiten Gummiwalze darüber rollen.

Tipp:
Nie die freie Hand vor die schneidende legen! Sonst besteht Verletzungsgefahr durch die scharfen Linolschnitt-Werkzeuge. Arbeitsschutz bietet ein Schneidebrett aus Holz.

4 Das Seidenpapier von der Platte lösen, den feuchten Abzug auf einen Zeitungsbogen legen und Goldpulver (oder Glimmer) auf die Himmelfläche streuen. Nach dem Trocknen überschüssiges Goldpulver abschütteln, auf dem Zeitungsbogen sammeln und in die Pulverdose zurückschütten.

5 Aus Fotokarton eine Klappkarte schneiden und den Druck aufkleben. Wenn in die Rückseite der Karte ein Rahmen ausgeschnitten und der Druck dahinter geklebt wird, kann sie der Empfänger als durchscheinendes Bild vor das Fenster stellen.

Linoldruck-Karte
Linolplatte
Bleistift
Linolschnitt-Werkzeug
Linoldruckfarbe, schwarz
Gummiwalze
Glas- oder Plastikplatte
Zeitung
Regenbogen-Seidenpapier
Deko-Goldstaubpulver
Fotokarton, Cutter
Metalllineal

Marktstand

1 Einen Marktstand auf die Linolplatte zeichnen und die Linien mit dem Geißfuß ausschneiden.

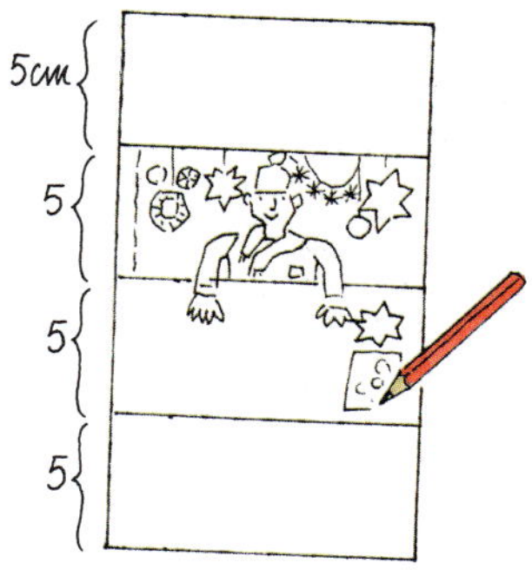

2 Platte weiß einfärben und mittig auf Fotokarton drucken (Oberkante von Karton und Linolplatte sind bündig!). Nach dem Trocknen der Farbe mit Lineal und Falzbein vier Querlinien falzen.

3 Den Karton an Linie 3 rückwärts schlagen und die markierte Linie mit der Schere einschneiden. Karton wieder ausbreiten und bemalen.

4 Karton bei Falzlinie 3 im rechten Winkel biegen, Verkaufstisch und Markise nach vorne drücken. Zusammengeklappt passt der kleine Marktstand in ein längliches Briefkuvert.

Klappkarte
Linolplatte 12 x 20 cm
Linoldruckfarbe, weiß
Linolschnitt-Werkzeug (s. Häuser)
Fotokarton 25 x 18 cm
Schere, Falzbein
Lineal
Deckfarben oder Buntstifte

Achtung Aufnahme!

Wundersames geschieht beim vorweihnachtlichen Fototermin: Wer sich auf den Stuhl mit angeklebten Flügeln und Heiligenschein setzt, wird augenblicklich zu einem Engel! Und Schneekönigin, Eisprinzessin und Winterfee – drei Freundinnen, die die Kälte lieben – bringen mit ihrem Lächeln Eis und Schnee zum Schmelzen.

Die Kinder haben ihr Kostüm aus dem Faschingsfundus ausgewählt und sich gegenseitig beim Anziehen und Schminken geholfen. Als Hintergrundkulisse stehen ein verschneiter Winterwald, gemalt mit Dispersionsfarben auf großen Papierbahnen, zur Verfügung.
Das Foto, auf Karton geklebt und mit einem gemalten Rahmen geschmückt, wird zu einem sehr persönlichen Weihnachtsgeschenk. Ebenso gut lässt sich das Foto aber auch als Weihnachtsgruß mit der Post verschicken.

Flügelpaar zum Anziehen

Die ausgeschnittenen und bemalten Flügel in der Mitte mit einem Stück Karton verstärken. Mit einem Vorstecher vier Löcher bohren, weiche Gummilitze durchziehen und verknoten.

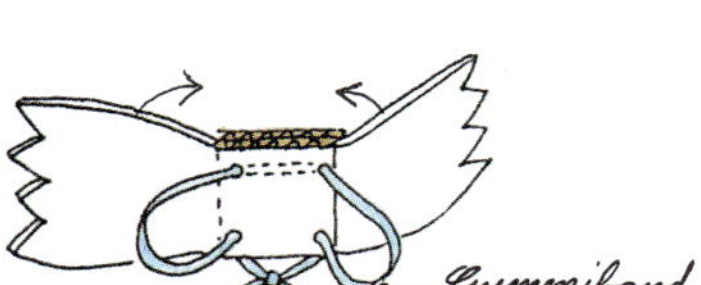

Flügelstuhl

Flügel und Heiligenschein aus Karton schneiden, anmalen und mit Klebeband am Stuhl befestigen. Heiligenschein dafür an eine Holzleiste kleben.

Flügelstuhl
Stuhl
Verpackungskarton
Dispersionsfarben
Schere
Abdeck-Klebeband
Holzleiste

Flügelpaar zum Anziehen
Karton, Schere
Dispersionsfarben
Vorstecher
Gummiband

Winter hinter Glas

Jetzt ist es richtig Winter! Die Schneerosen stehen in voller Blüte und das Eis glitzert unter den Blumen auf der Scheibe ebenso wie bei den Schlittschuhläufern auf dem gefrorenen Teich.

Schlittschuhläufer

1 Glassscheibe auf Zeichenpapier legen und ihren Umriss markieren. Gewünschtes Motiv auf das Papier zeichnen.

2 Glasscheibe wieder über die Zeichnung legen. Augen, Nase und Mund auf das Glas über den Gesichtern malen und gut trocknen lassen. Mit Hautfarbton übermalen.

3 Baum, Bank und Figuren ausmalen, zuletzt mit Eis- und Schneefläche übermalen. Schneeflocken über das Glas tupfen.

4 Mit dem Pinselstiel Spuren in die getrocknete Eisfläche kratzen.

5 Einen Winterhimmel auf Zeichenkarton (in Größe der Glasscheibe) malen. Ein Stück Alufolie, so groß wie die Eisfläche, knüllen und wieder glatt streichen.
Folie auf die untere Hälfte des Himmels legen, darauf die Glasscheibe (Farbseite nach unten).

6 Rahmen mit Lackfarben mustern. Nach dem Trocknen Hinterglasbild und Kartonrückseite mit Klebeband einkleben.

Eisblumen

Für das Eisblumenbild wird die Glasscheibe dünnflüssig mit hellblauer Dispersionsfarbe eingestrichen. Mit dem Pinselstiel Eisblumenformen in die trockene Fläche kratzen. Wie beim Teich mit Schlittschuhläufern werden sie mit Stücken silberner und farbiger Metallfolie hinterlegt.

Schneerosen

Die flächig gemalten Schneerosen werden durch das Auskratzen von Staubgefäßen, Blattadern und Härchen an den dicken Stängeln grafisch gemustert. Die Tupfen des Hintergrundes sollen keine Schneeflocken, sondern Tapetenmuster sein. Beim Hinterlegen der Glasscheibe mit Karton kann man mit verschiedenen Farben spielen. Hellblauer Karton wurde bei unserem Beispiel verwendet.

Hinterglasbilder
Bilderrahmen mit Glas
Zeichenpapier, Bleistift
Zeichenkarton
Dispersionsfarben
Alufolie oder Metallfolie, silbern und pastell (Bonbonpapier)
Abdeck-Klebeband
Lackfarben für den Rahmen

Noch eine Runde in der Dämmerstunde

Auf dem Karussell mit Kerzenmotor steigt warme Luft in die Höhe und setzt das große Flügelrad aus Weißblech in Bewegung. Unter ihm machen sich dann alle auf den Heimweg: Ein Junge mit Schlitten und kleinem Bruder, ein Mann mit Hund und Christbaum unter dem Arm – und ein Schneemann! Vögel fliegen zu ihrem Schlafbaum und über allen drehen ein Komet und Sterne ihre Runden. Je weiter die Kerzen herunterbrennen, umso schneller läuft das Rad und umso mehr beeilen sich die Heimkehrer – schließlich wird es draußen schon dunkel!

Karussellrahmen

1 Für den Kerzenhalter zwei Schlitze aus einem kurzen Vierkantholz stemmen. Zweites Holz mittig durchbohren.

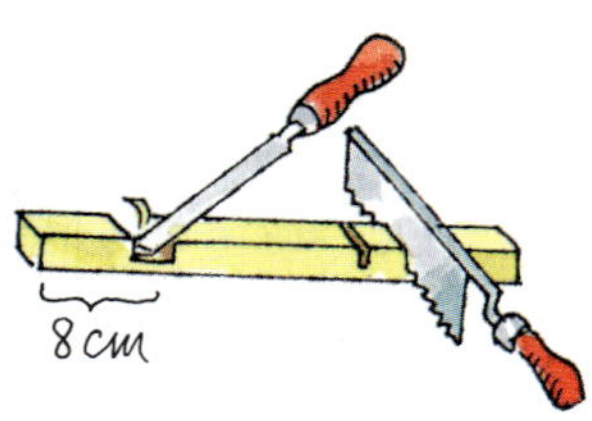

2 Aussparungen in die Enden der Rahmenhölzer sägen. Hölzer überlappend zu einem Rahmen zusammenleimen.

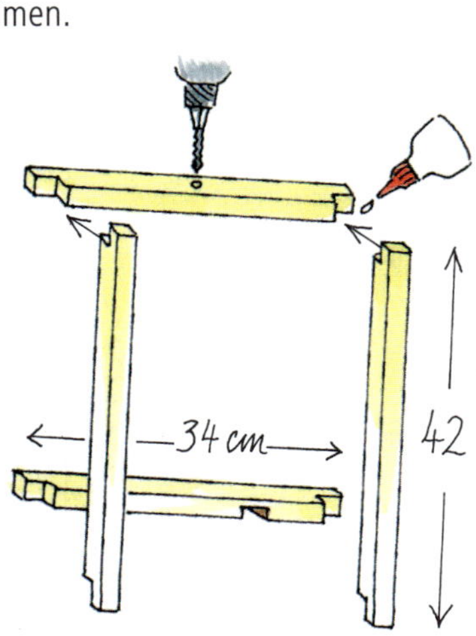

3 In die Kerzenleisten vier Löcher bohren, Leisten mittig in die Aussparungen kleben. Kerzenhalterdorne abzwicken und in die Leisten stecken.

4 Eine 2 cm lange Messinghülse ins Rahmenloch klopfen. Darunter, auf das untere Rahmenholz, ein Stück Glas und eine kleine Beilagscheibe kleben. Rahmen bemalen.

Karussellrahmen
2 Vierkanthölzer, 2 x 2 x 34 cm
2 Vierkanthölzer, 2 x 2 x 42 cm
2 Leistenstücke, 2 x 1 x 15 cm
Bleistift, Lineal
Winkel, Feinsäge
Stemmeisen
Bohrer (Ø 4 mm)
Holzleim
4 Steckkerzenhalter
Zwickzange
2 Ringschrauben
kleine Glasscherbe
Beilagscheibe
Kleber, Lackfarben

Flügelrad

1 Papierschablone herstellen (Zeichnung mit Kopierer vergrößern oder in Kreis Ø 29 cm konstruieren). Schablone auf Blech übertragen und Flügelrad ausschneiden. In die Mitte ein Loch (Ø 4 mm) bohren.

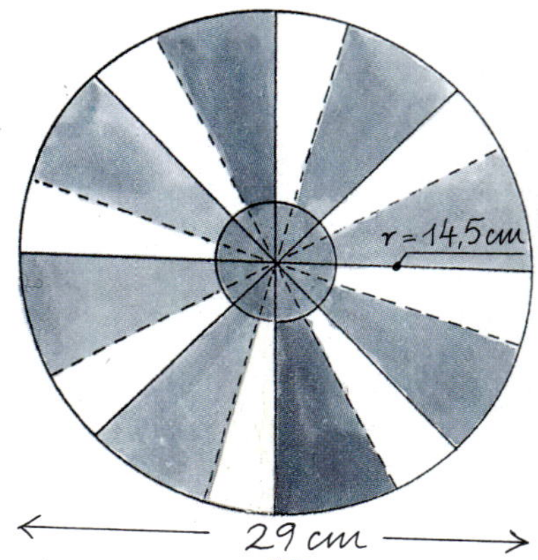

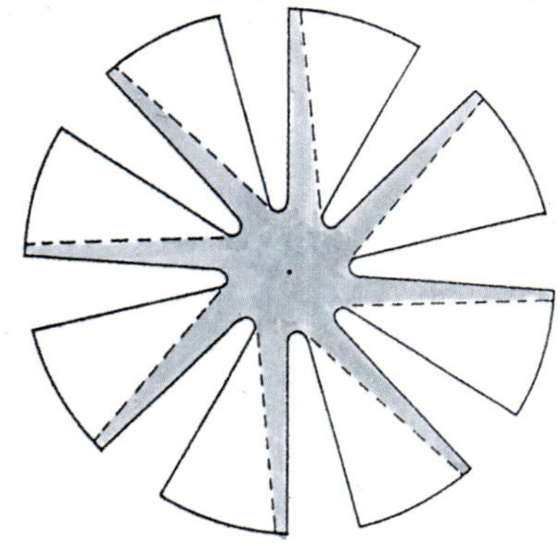

2 Lineal auf die Blechflügel legen und bei Markierungslinie leicht nach oben biegen.

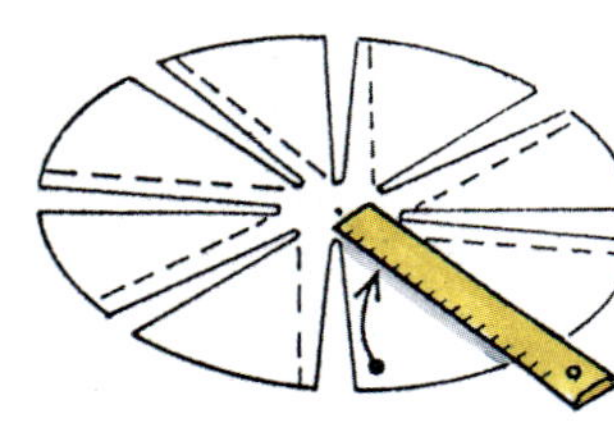

3 Messinghülse, 2 cm lang, durch das Loch in der Mitte schieben und mittig anlöten. Obere Öffnung der Hülse verlöten.

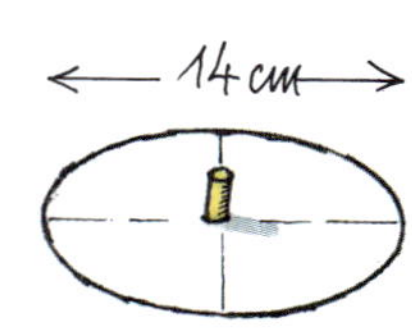

4 Blechscheibe (Ø 14 cm) ausschneiden und wie beim Flügelrad eine kleine Messinghülse in die gelochte Mitte löten.

5 Alle Blechfiguren ausschneiden, Köpfe, Mützen und Schals leicht verwinden, die Körper wölben. Beim Schneemann die Arme einwärts drehen, dabei in eine Hand einen Drahtbesen wickeln, den Schal nach hinten und den Kopf zur Seite drücken. Figuren auf der Scheibe verteilen, anlöten und mit Lack bemalen.

6 Eisendraht in gewünschter Länge absägen, unteres Ende mit Feile zuspitzen. Karussellscheibe 1 cm darüber anlöten. Vögel und Sterne zuerst an dünnen Schmuckdraht, dann an den Eisendraht löten. Drahtstange oben durch das Loch im Rahmen schieben und Flügelrad aufsetzen. Unten die Spitze in den Beilagscheibenring stellen. Blechstern aufstecken.

7 Das Wärmerad im Rahmen kann auf dem Tisch aufgestellt werden. Mit zwei Ringschrauben versehen, lässt es sich auch am Fenster aufhängen.

Flügelrad
dünnes Weißblech, ca. 70 x 30 cm
kleine Blechschere
Lötpistole
Lötzinn mit Flussmittel
Messingrohr (außen Ø 4 mm)
Metall-Bügelsäge
Feile
43 cm Eisendraht (Ø 2,2 mm)
Schmuckdraht
Lackfarben

Ursli im Schnee

Das „Schellen-Ursli“ aus dem gleichnamigen Kinderbuch von Selina Chönz hat sein schönes Heimatdorf im Unterengadin weit über die Schweizer Grenzen bekannt gemacht: Um beim alljährlichen Brunnenumzug mit einer großen Kuhglocke mitlärmen zu können, stapft der kleine Urs mutterseelenallein durch den hohen Schnee hinauf zu einer Almhütte. Zu erschöpft für den Heimweg übernachtet er bei der Glocke in der Hütte und versetzt Eltern und Dorf in großen Schrecken. Noch immer ziehen die Buben in Guarda beim „Chalandarmarz-Fest“ mit großen Kuhglocken durch den Ort. Sie tragen dazu ein blaues „Sennenkutteli“ und eine rote Mütze mit rotem Halstuch – wie das Schellen-Ursli.

Filzkugeln

So entsteht eine Filzkugel:

1 Zwei Esslöffel Schmierseife mit Schneebesen in etwas warmem Wasser auflösen und dann in einen Topf mit ca. 3 l Wasser geben. Lauge bis 60° C erwärmen (für Kinder weniger!). Lauge in eine Schüssel gießen.

2 Kardierte Schafwolle vom Strang in kleinen Strähnen („Stapeln“) zupfen und nebeneinander bereitlegen.

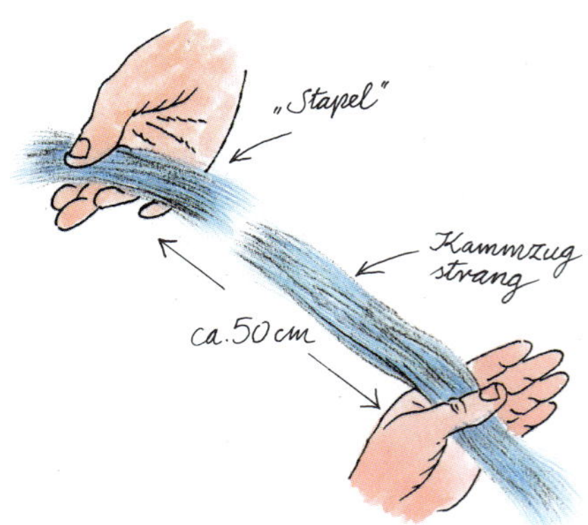

3 Stapel einrollen und weitere Wollsträhnen kreuzweise locker darüber wickeln. Trockene Wollkugel in Lauge tauchen.

4 Nasse Kugel sanft zwischen den Handflächen rollen. Erst wenn die Fasern „greifen“ (sich verhaken), den Druck verstärken.

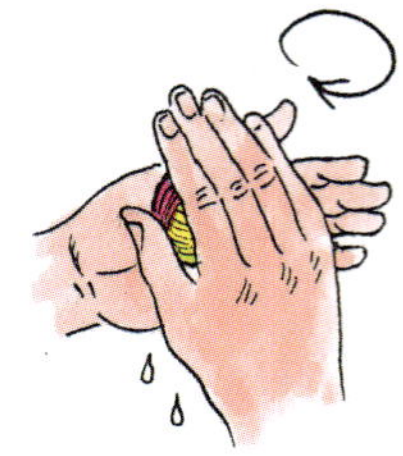

5 Weitere Wollsträhnen in der gewünschten Farbe nacheinander und kreuzweise darüber wickeln. Dabei immer wieder in die warme Lauge tauchen und erst sanft, dann fester rollen.

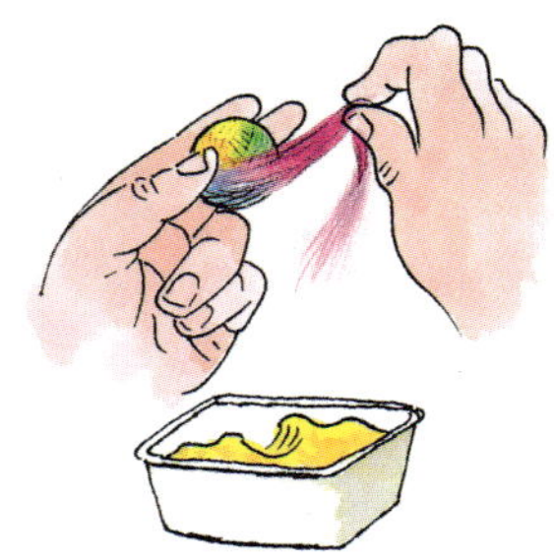

6 Ist die Kugel genügend groß und fest, in klarem Wasser ausspülen. In den letzten Spülgang ein paar Tropfen Essig geben.

7 Aus den Kugeln lassen sich im Handumdrehen farbenprächtiger Baumschmuck oder weiche Winterketten herstellen, die man mit andersfarbigem Garn auch besticken kann (siehe rechts).

Filzkugeln
kardierte Wolle
Schmierseife
Topf mit warmen Wasser
Schüssel
Schneebesen

Tipp:
Mit einem Tupfer Schmierseife kann der Strähnenanfang auf der Kugel vor dem Eintauchen in der Lauge fixiert werden.

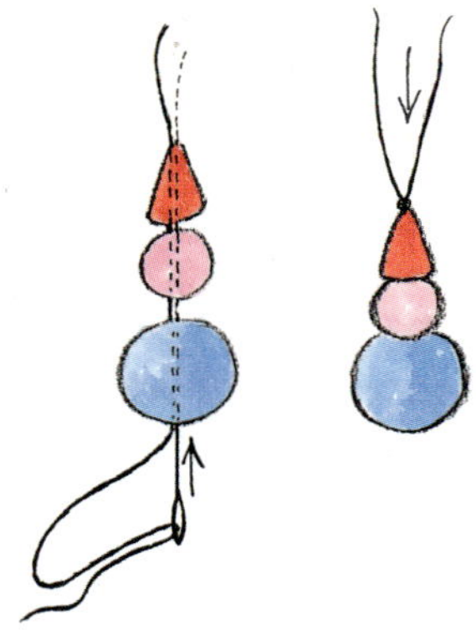

4 Glocke auf ein Band fädeln. Enden um den Hals legen, kreuzen und unterm Kinn verknoten.

Schellen-Ursli
Material wie bei den Filzkugeln, dazu noch:
fester Faden oder Gummischnur
Nadel mit großer Öse
30 cm rotes Band
Schere
Glocke oder Schelle

Schellen-Ursli

1 Kugeln für Kopf und Körper filzen. Für die Mütze um einen roten Stapel kreuzweise Strähnen wickeln, in warme Lauge tauchen und zu einer Walze rollen. Von getrockneter Walze eine Mützenlänge schneiden.

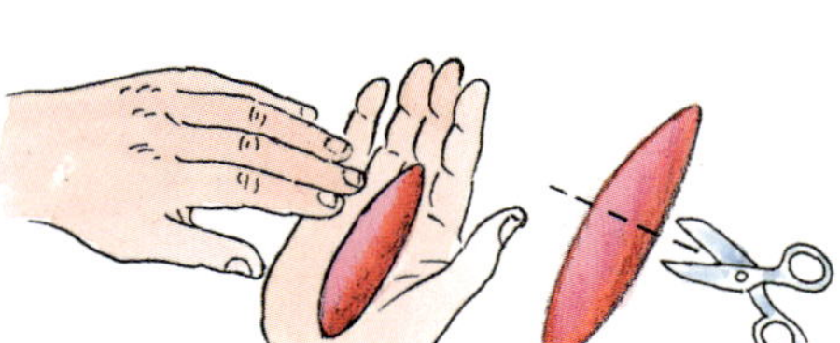

2 Faden durch Mütze, Kopf und Körper ziehen und in etwa 2 mm Abstand wieder zurückstechen.

3 Mütze, Kopf und Körper zusammenschieben und Fadenenden auf Mützenspitze miteinander verknoten. Faden etwas darüber zu einer Schlinge verknoten.

Feenfilz

Im Spätsommer noch tanzen sie in dünnen Spinnwebschleiern, bestickt mit Glitzertau, über kühle Mondwiesen. Doch im Winter, wenn Raureifzauber über dem Land liegt, mögen es auch Feen etwas wärmer – feenleichte Schals aus Chiffon mit Schafwollflocken sind da ideal!

Ohne Zauber, durch Filzen allein haftet Schafwolle auf dem weitmaschig gewebten Tuch. Das Haar des Schafes, durch „Kardieren" geglättet und gestreckt, beginnt sich unter heißem Wasser wieder zu kräuseln. Durch Reibung und Druck fangen die Haare an zu wandern. Sie verschlingen und verhaken sich dabei ins Tuch. Die ausfransende Schnittkante des Chiffonstreifens muss deshalb nicht gesäumt werden, das erledigt die Schafswolle. Um größere Flächen per Hand zu filzen, bedient man sich der „asiatischen Rolltechnik": Zwischen Matten werden die mit Seifenlauge besprengten Wolllagen miteinander verbunden. Anschließendes Walken verdichtet das Filztuch und lässt dabei die Fläche um ca. dreißig Prozent schrumpfen. (Zum Filzen s. auch S. 94.)

1 Chiffontuch auf Rollo-Matte legen (eventuell mit zweitem Rollo oder Leintuch verlängern). Tuch mit Wollsträhnen mustern, anschließend mit heißer Lauge einsprengen. Holzpfahl oder Plastikrohr auflegen und Matte einrollen.

2 Fasern durch sanftes Hin- und Herbewegen der Rolle anfilzen.

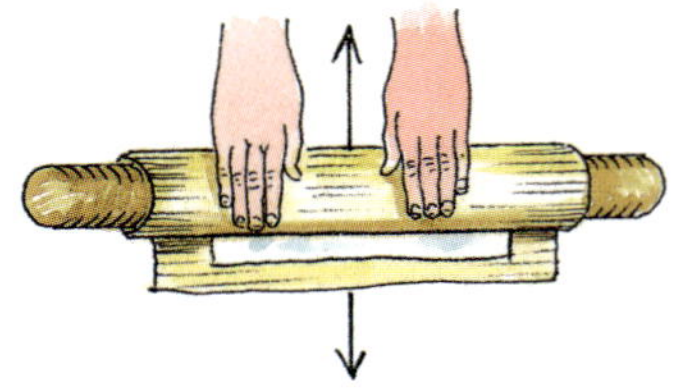

3 Rolle öffnen und Seidenfäden, Stücke von Pongeseide und Chiffon darüber verteilen. Erneut mit heißer Lauge besprengen, Matte aufrollen und weiter filzen. Langsam Druck verstärken. Kalte Lauge ablaufen lassen, mit heißer Lauge wieder einsprengen.

4 Haben sich die Fasern fest mit dem Chiffon verbunden, Schal in ein Frotteetuch wickeln, mit heißer Lauge begießen und „walken": fest rollen und ständig Druck verstärken.

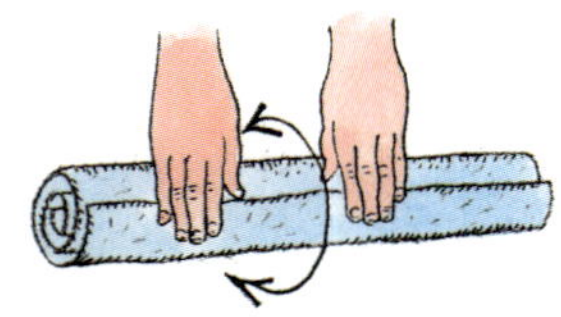

5 Schal in klarem Wasser ausspülen. In die letzte Spülung etwas Essigessenz geben.

Gefilzter Feenschal
weißer Chiffon, 180 x 90 cm
100 g weiße Merinowolle
50 g kardierte Schafwolle, pastellfarben
Stücke von Chiffon und Pongeseide
Fasern von weißer Maulbeerseide
Lauge, Einsprengflasche
Fensterrollo aus Bambus oder Leintuch
armdicker Holzpfahl oder Plastikrohr
Malerfolie als Arbeitsunterlage

Tipp:
Auf Filzwolle haften auch Fasern, die sich untereinander nicht „verfilzen" können, z. B. Seide, Baumwolle oder Leinen. Sie werden von den Wollfasern umklammert und fest gehalten. Feine Wolle (z. B. Merino) eignet sich dazu besser als grobe.

Alle unter einem Dach

Für die vielen kleinen Puppen, Bären und Mäuse ist dieses Wohnmodell ideal: Kommen Neuzugänge, wird einfach angebaut. Der Bauplan der Puppenstuben ist immer derselbe und die Räume lassen sich beliebig aneinander setzen und stapeln. Ein Speichergeschoss, mit abnehmbarer Dachhälfte, kann als Abschluss aufgesetzt werden.

Die Puppenküche auf Seite 77 hat keine Tür- und Fensteröffnungen. Sie wird aus 10 mm starken Sperrholzbrettern zusammengeleimt. Der Boden ist mit schmalen Leisten beklebt. Bodenmaß: 60 x 40 cm; Rückwand: 60 x 36 cm; Seitenwände: 36 x 41 cm.

Kleine Puppenstube

1 Für Rückwand mit Fenster und Seitenwand mit Tür eine Papierschablone anfertigen. Schablone auf Sperrholz übertragen.

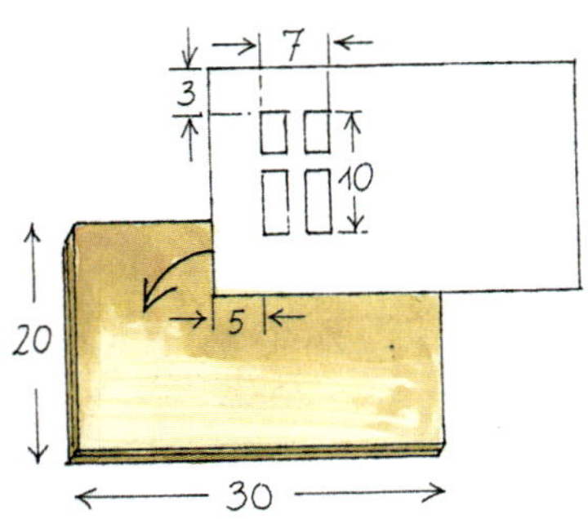

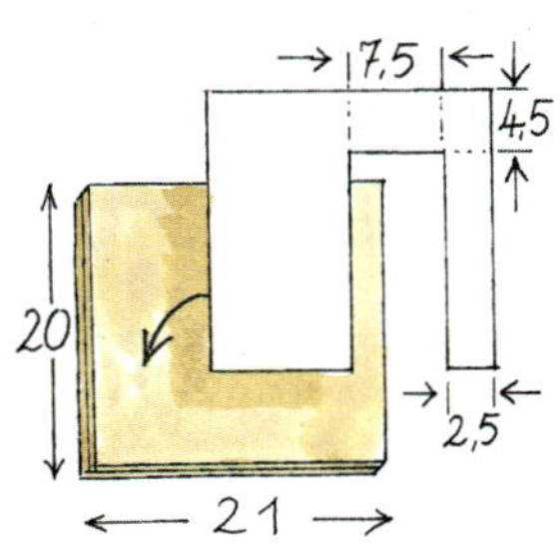

2 Tür und Fenster mit Laubsäge aussägen (Eckpunkte vorbohren!).

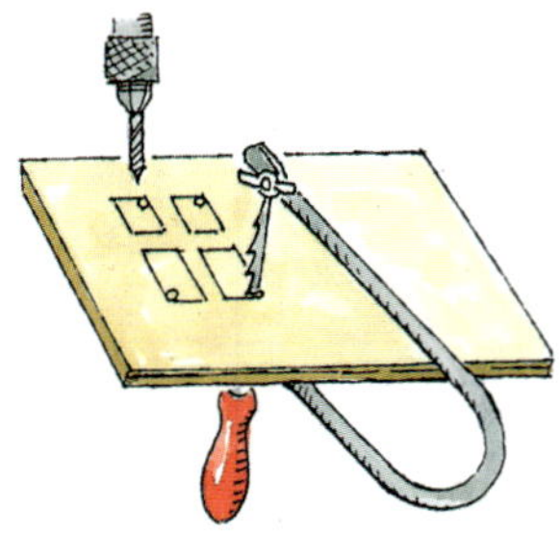

3 Seitenwände mit Klebeband ca. 1 cm breit abdecken (Klebeanschluss an Rückwand).

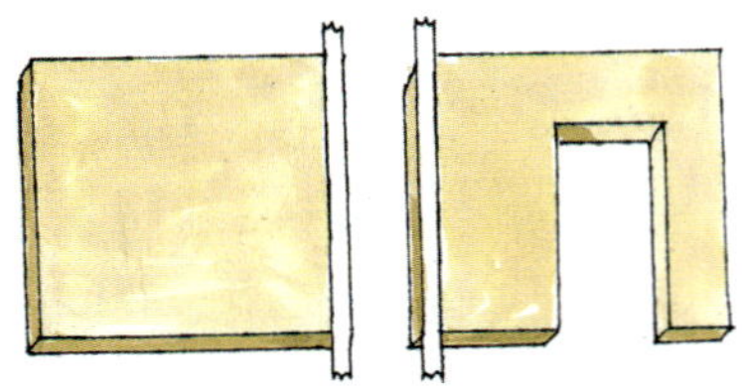

4 Wände aneinander schieben. Unten mit Klebeband ca. 1 cm breit abdecken (Klebeanschluss am Boden) und mit Farbrolle weiß grundieren. Nach dem Trocknen Sockel abkleben und mit Farbrolle anmalen.

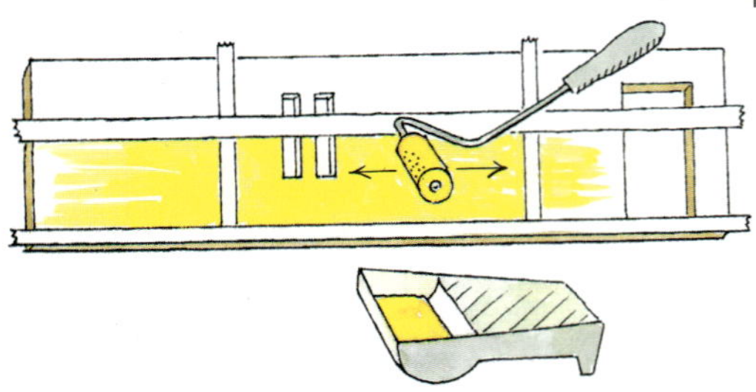

5 Fenster und Türrahmen anmalen.

6 Für das Fliesenmuster auf der grundierten Bodenplatte ein gleichmäßiges Gitter aus Abdeckband kleben. Zwischenräume mit Lackrolle einfärben. Lack trocknen lassen und Klebebänder abziehen.

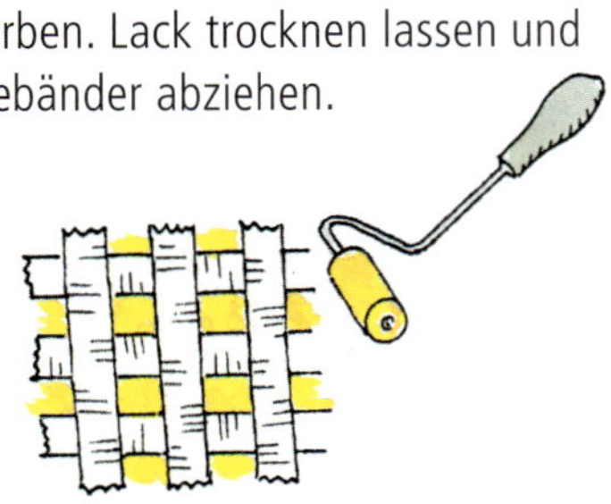

7 Die lackfreien Klebeflächen der Wände mit Holzleim bestreichen und an die Bodenplatte drücken. Schnittkanten mit Leisten verblenden. Lederstreifen an Tür und Türstock kleben.

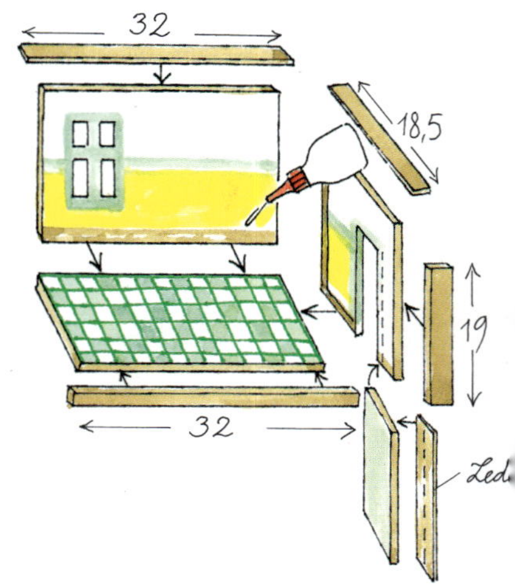

8 So kann eine Dachhälfte abgehoben werden: In die Kaminhölzer (4,5 x 2,5 x 5 cm) Aussparung im rechten Winkel sägen und Dachplatte einleimen. Zum Schließen des Daches Kamine über den First haken.

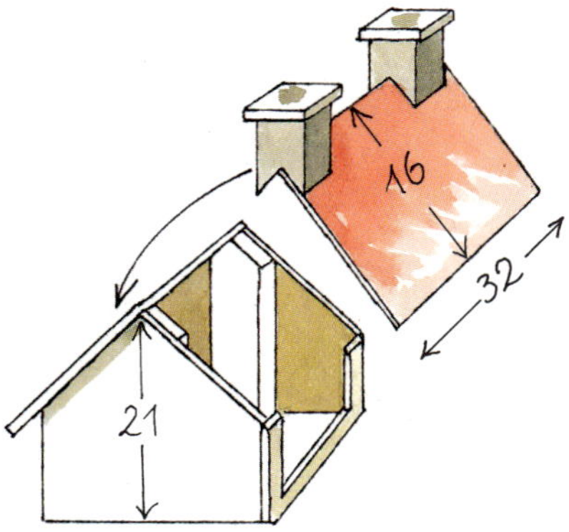

Tipp:
Kleines Werkzeug, Geschirr und Küchengeräte gibt es auf Weihnachts- oder Jahrmärkten zu kaufen. Es lässt sich aber auch aus Modelliermasse selbst herstellen. Gerade Zuschnitte für Wände und Boden kann man beim Schreiner oder im Baumarkt bekommen.

Puppenstube
2 Sperrholzbretter 20 x 30 x 1 cm (Boden und Rückwand)
2 Sperrholzbretter 20 x 21 x 1 cm (Seitenwände)
Sperrholz 15 x 8 x 6 cm (Türe)
Streifen aus dünnem Leder oder Leinen
Leiste 145 x 1,5 x 0,5 cm (Abschluss)
Bleistift, Lineal
Schere, Papier
Bohrer, Laubsäge
feines Schleifpapier
Lackfarben (wasserlöslich)
kleine Farbwanne mit Lackroller (Schaumstoff)
Abdeckband

Unterm Weihnachtsbaum

Morgen, Kinder, wird's was geben,
morgen werden wir uns freu'n!
Welch ein Jubel, welch ein Leben
wird in unserm Hause sein.
Einmal werden wir noch wach,
heißa, dann ist Weihnachtstag!

Das Christkind war da!

Und mit ihm kamen die Weihnachtswichte. Sie haben die Einflugschneise mit Lichtern markiert und geholfen, den Baum zu schmücken. Nichts hat man gehört: Auf leisen Sohlen sind sie durch den Raum getappt. Woher ich das weiß? Sie haben ihre Schühlein dagelassen! Beim Festessen kann man sie als Serviette benützen.

Wichtelservietten

1 Geöffnete Serviette zweimal falten.

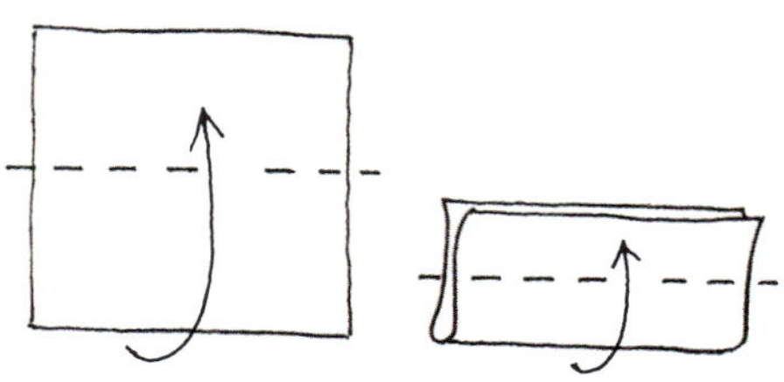

2 Mitte markieren und eine Hälfte nach oben schlagen.

3 Auch zweite Hälfte nach oben schlagen. Die Seiten schräg (s. Markierung) nach innen falten. Serviette wenden.

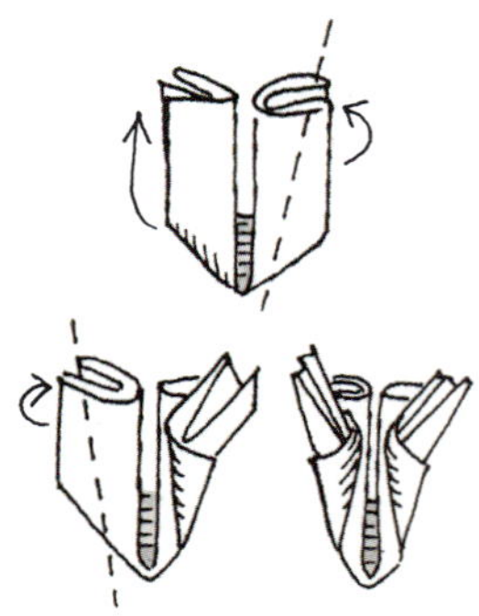

4 Serviettenhälften zusammenschlagen. Vorderen Streifen fassen und nach rückwärts, im rechten Winkel, nach oben drehen.

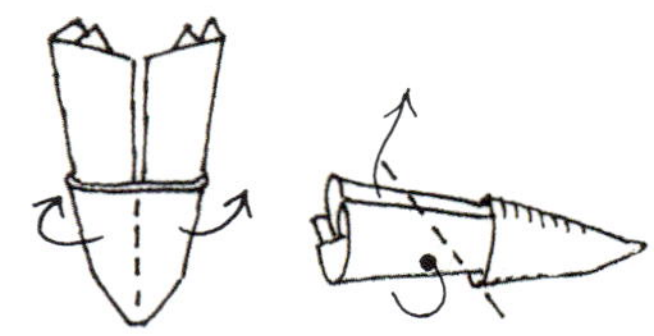

5 Rückwärtigen Streifen durch Umschlagen schmälern. Den Umschlag am Vorderschuh mit dem Finger leicht aufdrücken und die Streifenspitze hineinschieben.

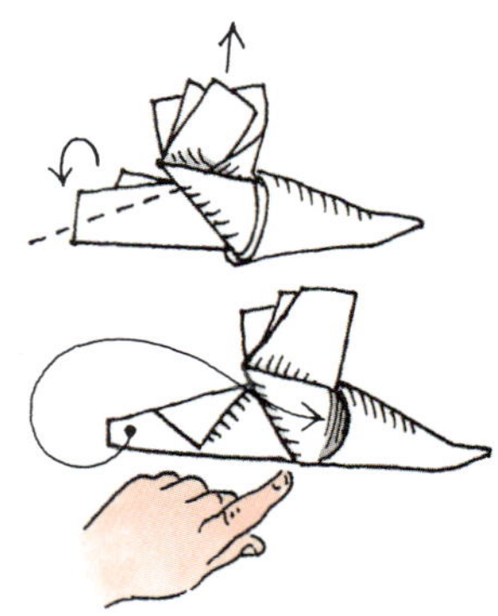

6 In die Mitte des Serviettentrichters fassen und stulpenartig nach außen umschlagen. Schuhspitze leicht nach oben drücken.

Gloria in Hütten und Palästen

Auf dem Alten Markt in Krakau, vor den Tuchhallen, werden jedes Jahr in einem Weihnachts-Wettbewerb kunstvoll selbst gebaute Krippenpaläste aus Pappe prämiert. Die mehrstöckigen „Scopkis“ sind reich mit farbigem Staniolpapier verziert und innen beleuchtet. In ihren Türmen kann man die vielen alten Stadt- und Kirchtürme von Krakau wieder erkennen.

Für unsere kleine Krippe werden zwei Kartonstreifen ineinander gesteckt. Sie wird mit Teelichtern beleuchtet. Der große Palast aus Schachteln und Papphröhren hingegen wird mit einer Lichterkette von innen erhellt.

Kleiner Palast
Verpackungskarton, 60 x 35 cm
Verpackungskarton, 45 x 27 cm
Bleistift, Schere
Cutter, Lineal
Dispersionsfarben
farbige Staniolfolie
Zahnstocher, Deko-Gold
Drachenpapierreste
Klebestift, Teelichter

Kleiner Palast

1 Palastumriss auf großen Karton zeichnen. Mittelturm senkrecht auf der Kartonrückseite mit dem Cutter anritzen. Von unten zwei Schlitze in Kartonstärke ausschneiden. Palast ausschneiden und mit weißer Dispersionsfarbe grundieren.

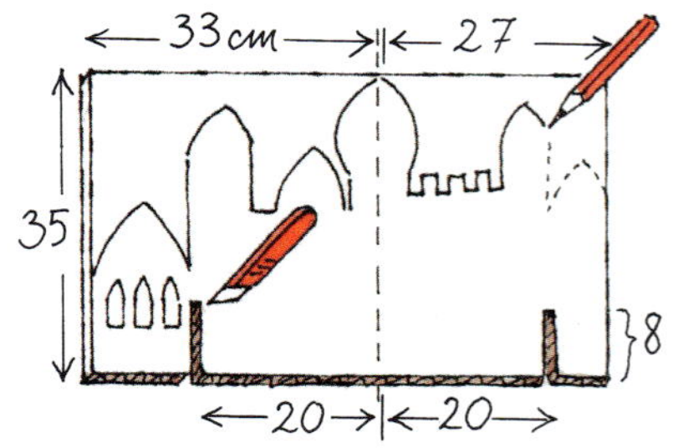

2 Frontseite auf den kleinen Karton aufzeichnen und von oben zwei kartonbreite Schlitze ausschneiden. Palastfront ausschneiden und weiß grundieren.

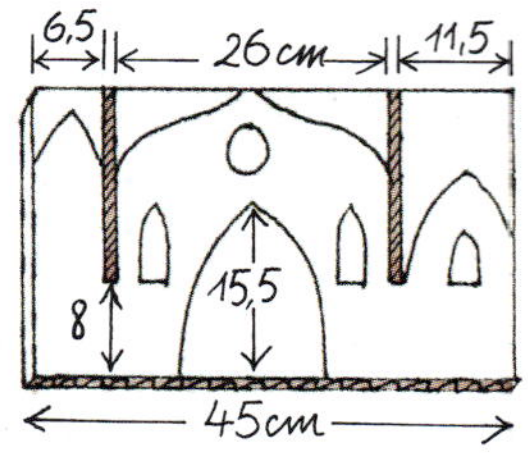

3 Kuppeln mit Staniolfolie bekleben oder mit Deko-Gold bemalen. Fenster mit weißem oder bunten Drachenpapier hinterkleben. In Turmspitzen Zahnstocher mit Staniolkugeln stecken. Palastrückseite knicken und Schlitze in die Frontseite schieben.

Tipp:
Figuren aus Karton schneiden und bemalen. Rückwärts, als Stehhilfe, Keil aus Karton ankleben.

Großer Krippenpalast

1 In alle Schachteln Bogenöffnungen schneiden, dazu noch in beide Seitenflügel ovale Fenster. Stockwerke übereinander kleben und Seitenflügel, Türme und Säulen befestigen.

2 Turmspitzen aus Pappe formen und mit Folienpapier beziehen. Kegeldächer auf Pappdeckel mit Rand kleben und anschließend auf Papprröhre befestigen.

3 Als Kuppeldach eine halbe Kartonscheibe an die oberste Schachtel kleben. Gezackte Giebelfronten vor den Satteldächern der beiden Seitenflügel befestigen.

4 Palast mit Karton-„Stuck" und goldgezackten Brüstungsstreifen schmücken, innen und außen bemalen.

5 Auf Dachspitzen Zahnstocher mit Windfahne, Sonne, Mond und Sterne aus Drückblech stecken.

6 In die Rückwand Löcher stechen und Birnchen der Lichterkette durchstecken. Kabelschnüre mit Abdeckband an der Rückwand fixieren.

Großer Krippenpalast
5 Schachteln
2 Papprollen, groß
4 Papprollen, schlank
Pappkartonstücke
Kleber, Cutter
Dispersionsfarben
Deko-Gold, Drückblechreste
Zahnstocher, Lichterkette
Abdeckband, Vorstecher

Auf dem Weg zur Bergkrippe

Zweitausend Jahre ist es her, dass sich drei Könige mit Gold und Duftgeschenken auf den Weg machten, um das göttliche Kind zu suchen. Sie folgten dabei einem Kometen durch karge Wüsten, tiefe Täler und über hohe Berge.

Die Lichter tragenden Elefanten und die Könige lassen sich aus Kleisterpapier herstellen.

Elefant mit Sänfte

1 Mehrere locker geknüllte Zeitungspapierknäuel auf einen Bogen Kleisterpapier legen und einwickeln. Ein bis zwei weitere Bogen darüber schlagen.

2 Vier Papprollen mit Abdeckband auf einem Stück Karton, so groß wie der eben entstandene Elefantenleib, befestigen. Den Leib mit Abdeckband provisorisch an die Kartonplatte kleben.

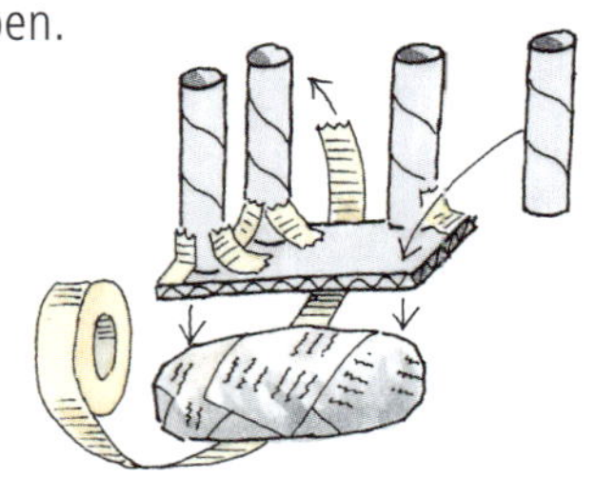

Kleisterpapier-Elefant
Zeitungspapier
Kleister, Karton
4 Papprollen (Küchentuch)
Abdeckband, Doppelklebeband
Dispersionsfarbe
Marmeladenglas
Transparentlack, wasserlöslich
Drückblechfolie (Schere, Kugelschreiber)
Stumpenkerze oder Teelicht

5 Nach dem Trocknen den Elefanten mit Dispersionsfarbe bemalen. Ein Stück Karton auf seinen Rücken kleben, darüber eine bemalte Satteldecke (zusammengelegtes Kleisterpapier). Das Kartonstück wird gebraucht, damit das Sänften-Glas gerade stehen kann.

6 Das Glas mit Transparentlack bemalen. Als Dachabschluss einen Streifen Drückblechfolie prägen. Seine Enden gegenläufig umknicken und zu einem Ring verhaken. Den Ring über die Schraubrillen des Glases stülpen.

7 Das Glas mit einem Stückchen Doppelklebeband auf der Satteldecke befestigen.

3 Mit Kleisterpapierstreifen darüber kaschieren. Aus zwei bis drei kleisternassen Zeitungsbogen die Kopfkugel rollen. Rüssel und Schwanz aus Zeitung drehen und mit Kleisterpapier ankleben.

4 Aus zwei kleinen Kleisterpapierkugeln die Ohren drücken; die Stoßzähne aus Papierstreifen drehen. Alles mit Kleisterpapier ankleben.

Könige mit Duftgeschenken

„Der Stern bleibt steh'n über Josephs Haus, da sind sie hineingegangen; das Öchslein brüllte, das Kindlein schrie, die heiligen Könige sangen." (Heinrich Heine)
Und sie haben Geschenke mitgebracht: Gold, Weihrauch und Myrrhe. Melchior trägt sein Geschenk in einem Päckchen aus Goldpapier. Die Duftkegel werden von Balthasar und vom schwarzen Caspar in einem Aluschälchen getragen. Gefahrlos können sie darin verglimmen.

Könige

1 Zeitungsbogen zu einer lockeren Kugel knüllen und auf einen umgestülpten Becher setzen. Mit der Hand einen zweiten Bogen leicht mit Kleister bestreichen und über Kugel und Becher glatt streichen.

2 Arme aus Kleisterpapier rollen und mit Stücken Kleisterpapier am Körper befestigen. Den Turban um den Kopf rollen und zurechtdrücken.

3 Das Alu-Schälchen mit Kleisterpapierstreifen an die Arme kleben. Auch Nase und Ohren mit Kleisterstreifen befestigen. Der Umhang ist ein locker gerissenes Stück Kleisterpapier. Nach dem Trocknen die Figuren mit Dispersionsfarben bemalen. Balthasar bekommt eine Krone aus Goldfolienpapier geschnitten und Melchior eine kleine Pfauenfeder auf seinen Turban geklebt.

Holzkrippe

Wie die Könige werden auch die Krippenfiguren gebastelt. Für die Hütte wird ein Karton mit den Brettern von zerlegten Obstkisten beklebt. Wenn man unter dem Heu auf dem Dachboden eine kleine Taschenlampe versteckt, fällt sanftes Licht durch die Bodenluke und erhellt abends die weihnachtliche Szene.

1 Vom Karton mit einem Cutter die Vorderseite und die seitlichen Laschen abtrennen. Aus der rückwärtigen Lasche eine rechtwinklige Giebelform schneiden.

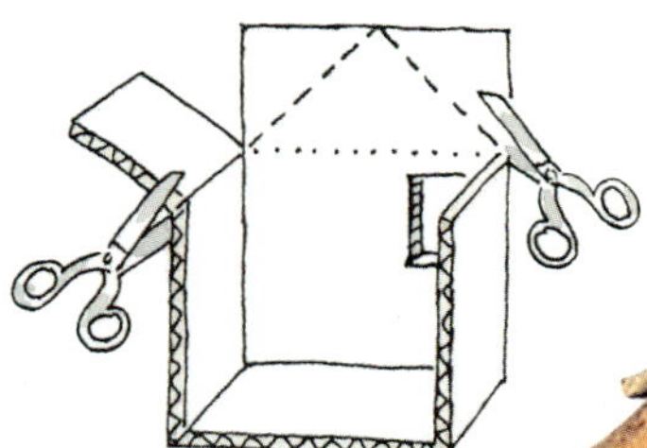

2 Die Bretter mit der Bügelsäge entsprechend kürzen und auf den Karton kleben.

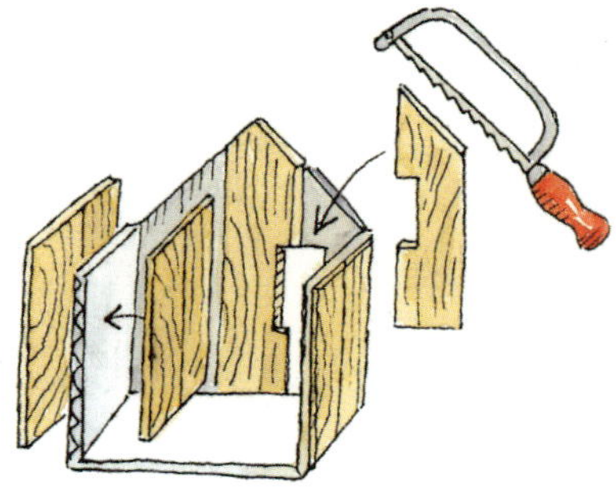

3 Für das Dach eine Eckverbindung der Obstkiste verwenden. Hinter das Fenster einen Kometen aus Transparentpapier kleben.

Kleisterpapier-König
Zeitungspapier, Kleister
großer Plastikbecher
(z. B. Buttermilch)
leeres Aluschälchen
(Teelicht)
Dispersionsfarben
Goldfolienpapier
Schere
Duftkegel oder Teelicht

Holzkrippe
Getränkekarton
Cutter
2 Obstkisten
Bügelsäge, Holzleim
farbiges Transparentpapier
Taschenlampe
oder Batterie mit Birnchen
(Krippenzubehör vom
Weihnachtsmarkt)

Ein neues Jahr beginnt

In ein paar Stunden ist das Jahr vorbei.
Jedoch mit etwas Glück
blicken wir gern nach vorn –
und gerne auch zurück.

Feuerwerk über der Stadt

Wenn am Silvesterabend die Sonne versinkt, die ersten Kracher knallen und Heuler pfeifen, wird die kleine Häuserzeile aus Karton zum mitternächtlichen Feuerwerk vorbereitet.

Stadthaus aus Karton

1 Oben vom Karton rückwärtige Lasche und Seitenlaschen abtrennen. In die Vorderseite ein großes Fenster schneiden, einen zwei Finger breiten Rand stehen lassen.

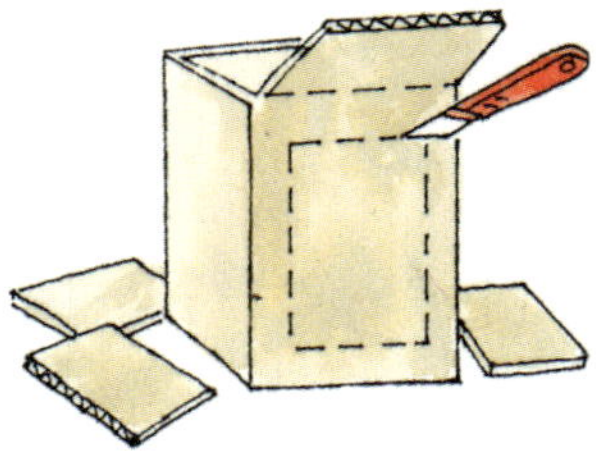

2 Zucker in einer Tasse Wasser lösen. Kreidespitze kurz eintauchen und sich vollsaugen lassen. Auf Fotokarton ein Haus in Breite des Getränkekartons zeichnen. Haus mit zuckergetränkten Kreiden ausmalen. Der Kreidestaub wird durch das Zuckerwasser gebunden und haftet nach dem Trocknen fest auf dem Papier.

3 Nach dem Trocknen der Kreide das Haus ausschneiden, die Fenster mit kleiner spitzer Schere. Dach und Vorsprünge des Hauses mit Klebespur bestreichen, Glimmer darüber streuen und den Überschuss nach dem Trocknen zurück ins Glas schütten. Hausfassade vor Kartonfenster und über vordere Lasche kleben. Kartonüberstand abschneiden.

4 Mit Kartonstreifen von rückwärts Laschenfalz versteifen. Dachgiebel mit Wunderkerzen bestücken.

Stadthaus aus Karton
Getränkekarton
Fotokarton, schwarz
bunte Tafelkreide
2 Esslöffel Zucker
1 Tasse Wasser
Cutter
kleine, spitze Schere
Drachenpapier
Glimmer, Kleber
Wunderkerzen

Viel Glück

Mit dem Glück ist es so eine Sache – zu uns kommt es mit einem Schwein, in China bringt es ein Drache. Das Fabeltier symbolisiert dort Glück und Wohlstand. Für die Chinesen findet das Neujahrsfest nach dem traditionellen Mondkalender – fünf Wochen nach unserem Jahresbeginn – statt. Es ist das größte Fest Chinas und mit einem riesigen Feuerwerk werden die bösen Geister vertrieben. Jedes Jahr steht unter dem Zeichen eines der zwölf Tiere des chinesischen Horoskops. Besonders freudig wird das neue Jahr begrüßt, wenn es im Zeichen des Drachen steht.

Glücksdrache

1 Kleinen Karton mit zackig geschnittenen Laschen an den großen Karton kleben.

2 Kartontrapez anritzen, zur Nase knicken und aufkleben. Kleine Rolle Wellpappe einschieben. Nüsternkugeln, Augen und Hörner befestigen.

3 Auf den Rücken zwei Zackenreihen aus Karton kleben. Flügelpaar ausschneiden und auf der Kartonrückseite befestigen.

4 Zwei Streifen Wellpappe zusammenkleben (ein Ende handbreit von Klebstoff frei lassen!).Rückenkamm und Schwanzspitze einschneiden und an Drachenkörper kleben. Beine ankleben.

Glücksdrache
Getränkekarton (Körper)
kleiner Karton (Kopf)
Kartonreste (Flügel, Beine usw.)
Wellpappe (Schwanz, Nase)
4 große Wattekugeln
Cutter, Schere
Kleber
Dispersionsfarben
Wunderkerzen, Goldregen usw.

Glücksschwein

1 Von Schwein und Kleeblatt Papierschablone anfertigen, auf Blech übertragen und ausschneiden. An das Blatt ein Stück festen Draht löten.

2 Schwein und Kleeblatt anmalen. Schweinekörper leicht wölben, Schwänzchen einringeln und drei Füße einrollen.

3 Schwein mit einem Bein an eine Leiste nageln, in die anderen Beine Kleeblatt und Wunderkerzen stecken.

Glücksschwein
dünnes Weißblech
kleine Blechschere
ca. 30 cm dicker Draht
Lötpistole
Lötzinn mit Flussmittel
Lackfarben, Leiste
Nagel, Hammer
Wunderkerzen

Schlittenfahrt mit Schneekönigin

Das Fest ist vorüber und der Weihnachtsmann genießt die wohlverdiente Ruhe. Rudolph, sein Rentier, kann er jetzt der kleinen Schneekönigin borgen. Mit zartem Klingeling geht es hinaus zu einer Schlittenfahrt ins neue Jahr.

Rentier

1 Socke stramm mit Watte füllen und so zubinden, dass ein Büschel Watte als Schwanz herausschaut. Von der Papphröre ein ca. zweimal handbreites Stück absägen und die ausgestopfte Socke durchschieben.

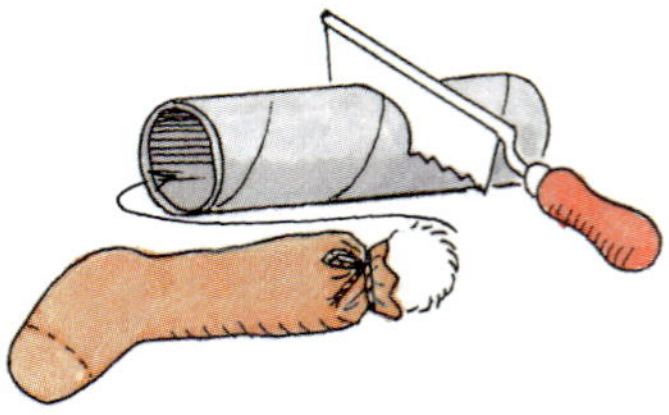

2 Auf ein Stück Karton, das so lang und so breit wie die Röhre ist, vier Beine aus Papprollen kleben und mit Klebeband am Röhrenkörper befestigen. Beine mit brauner Dispersionsfarbe bemalen.

3 Aus roten Filzstreifen (oder Geschenkband) das Zaumzeug um den Strumpfkopf kleben. Ohren aus braunem Filz und kleine Zweige als Geweih darunter klemmen.
In die Augen aus weißen Filzplättchen Stecknadelpupillen stechen und ein rosa Filzdreieck als Nase aufkleben.

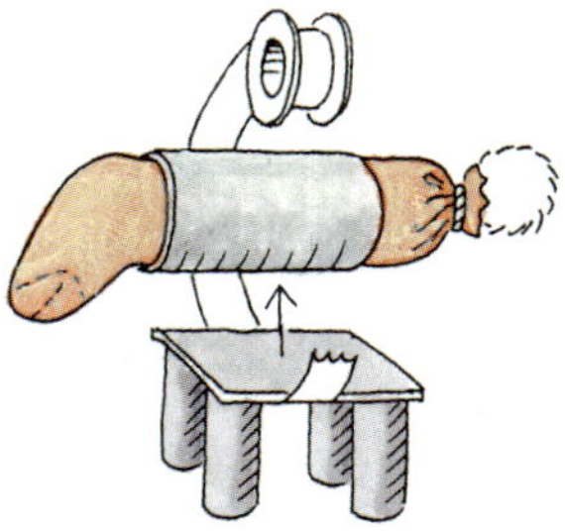

4 Die Graupappe auf der Unterseite mit Kerzen oder Skiwachs einreiben und an einem Ende wie einen Ski nach oben biegen. Eine Zugkordel daran befestigen und das Rentier aufkleben.

5 Der Schlitten besteht aus einer kleinen Schachtel. Die geschwungenen Seitenwände aus Karton schneiden und aufkleben. An der Rückenlehne aus einem geknickten Kartonstück einen Weidenrutenbogen mit Glöckchen befestigen und auf die Unterseite Kufen und Holme kleben. Zwei Blumenstecken als Zugstangen einstecken und mit einem Bügelstreifen verbinden. Schlitten und Kufen mit Dispersionsfarbe bemalen.

6 Den Schlitten auf den Pappstreifen hinter das Rentier kleben. Den Bügelstreifen als Joch über seinen Nacken legen und über den Tierkörper eine Filzdecke breiten.

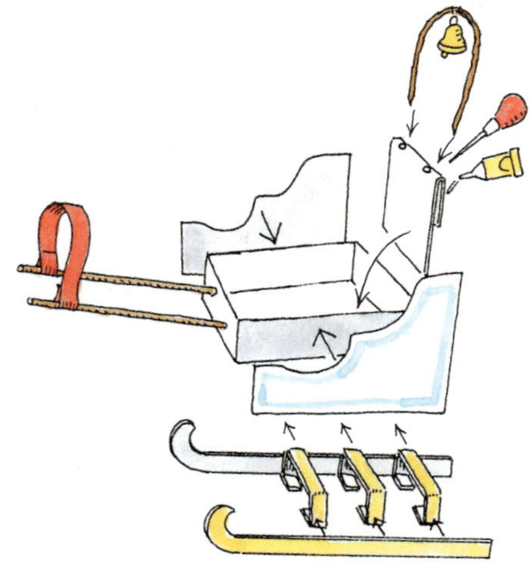

Rentier
braune Socke
Füllwatte
Versandröhre aus Pappe
Feinsäge
4 Papprollen
Kleber, Schere
Kartonstück
Klebeband
Filzreste
Weidenzweig
2 kleine Zweige
Glaskopfstecknadeln
Dispersionsfarben

Schlitten
Graupappe, ca. 55 x 25 cm
kleine Schachtel
2 Blumenstecken
Verpackungskarton
Schnur

Feuer im Eis

Schneevulkane

Den Schnee im Kreis zu einem Kegel zusammenschieben und in die Spitze ein Teelicht einsetzen.
Mehrere Teelichter, verborgen durch die Schneekante des Kreises, beleuchten die Vulkane von unten.

Lichtröhren

Die Wegleuchten in Röhrenform werden aus einer leeren Flasche, einem Teelicht und einem DIN A 3 Bogen Papier hergestellt: Flaschenhals über einen Stock schieben und auf den Flaschenboden ein Teelicht setzen. Eine Seite des Papierbogens mit einem Klebestreifen an der Flasche befestigen, Teelicht entzünden. Papier zu einer Röhre schließen und festkleben.

Eislicht

Wenn das Thermometer unter den Gefrierpunkt sinkt, Becher, Schüssel oder Eimer aus Plastik mit Wasser füllen und ins Freie stellen. Die Gefäße mit dem gefrorenen Wasser kurz in die Wärme holen, damit sich das Eis von den Gefäßwänden löst. Draußen das Eis aus dem Behältnis kippen. Am Boden – jetzt Oberseite des Eiskegels – hat sich eine Wasserblase gebildet. Wasser ausschütten und ein Teelicht in die entstandene Mulde setzen. Das Teelicht brennt sehr lange und senkt sich dabei langsam in das Eis.

Wer seine Sommergäste mit dem Überraschungsgast aus dem Tiefkühlfach erfreuen will, der sollte jetzt, so lange es noch Schnee gibt, mit den Vorbereitungen beginnen!

Register

Material und Werkzeug

Stoff, Textilien
Holzfiguren 37–39, Gefilzter Feenschal 99, Wichtelservietten 104

Strohhalme
Stroh-Mobile (Unruhe) 62

Ton
Duftlampe 56, Lichtertürme 58, Wickelkind 58

Tonpapier, Fotokarton, Zeichenkarton
Klemmvogel 15, Fensterbild Nikolaus 29, Fensterbild Nikolaus-Haus 33, Fensterbild Morgenstern 49, Lampionblumen 72, Klausenmann 81, Linoldruck-Karte 88, Klappkarte 89, Hinterglasbilder 92, Stadthaus aus Karton 114

Verpackungsmaterial
Fensterbild Nikolaus-Haus (Plastikdeckel) 33, Papiermaschee-König (Plastikbecher) 110

Watte, Wattebälle
Schneeflöckchen 20, Kleiner Wicht 43, Glücksdrache 116, Rentier 118

Wolle, kardiert
Filzkugel 96, Schellen-Ursli 97, Gefilzter Feenschal 99

Zeitungspapier, Kleister, Papiermaschee
Kürbisdosen 14, Kleisterpapier-Kaktus 17, Papiermaschee-Sterne 70, Äpfel und Birnen 71, Kleisterpapier-Elefant 108, Kleisterpapier-König 110

Rezepte

Gebäck

Sonstiges

Schwierigkeitsgrad und Zeitaufwand

Sehr schnell und einfach

Nicht schwierig, aber etwas zeitaufwändiger

Kein Problem für Bastelfans

Für die große Bastellaune

Über die Autoren Ute & Tilman Michalski

Das Ehepaar lernte sich beim gemeinsamen Studium an der Graphischen Akademie in München kennen. Tilman Michalski arbeitet als freier Illustrator für Buch- und Zeitschriftenverlage. Für seine Titelillustrationen der Zeitschrift „Der Spiegel" erhielt er mehrere Auszeichnungen. Ute Michalski ist Fachlehrerin für Kunst und Werken und seit vielen Jahren an einer Münchner Schule für sprachauffällige Kinder tätig. Zusätzlich leitet sie ein Atelier der „Schule der Phantasie". Gemeinsam haben Ute und Tilman Michalski, Eltern von zwei inzwischen erwachsenen Kindern, über ein dutzend erfolgreicher Bücher der Kinderbeschäftigung veröffentlicht.

Ravensburger®

Weitere tolle Ideenbücher für Kinder, Eltern und Erzieher.

Ines Radionow/Dorothea Desmarowitz
Backbuch für Kinder
Über 30 leckere Rezepte für kleine und große Bäcker. Ein anschauliches Arbeitsbuch mit einfachen Schritt-für-Schritt-Anleitungen, vielen Farbfotos und praktischer Spiralbindung.
ISBN 3-473-**37494-6**

Erika Markmann
Gartenbuch für Kinder
In diesem praktischen Arbeitsbuch finden kleine Gärtner alles, was sie über ihre Pflanzen wissen sollten. Mit tollen Ideen für Garten, Balkon und Fensterbank.
ISBN 3-473-**37346-X**

Renate Schmidt/Thilo Pustlauk
Alles aus Ton für Kinder
Mit anschaulichen Schritt-für-Schritt-Anleitungen und vielen Farbfotos wird gezeigt, was man aus Ton alles machen kann.
ISBN 3-473-**37495-4**

Ute & Tilman Michalski
Basteln
Aus Holz, Papier, Wolle, Ton, Blech und Knete entstehen tolle Faschingskostüme, Osterhasen, Strandspielzeug, Schultüten, Drachen, Weihnachtsschmuck und vieles mehr.
ISBN 3-473-**41083-7**

Ute & Tilman Michalski
Werkbuch Papier
Basteln mit Papier mit altbewährten und neuen Werktechniken, verschiedenen Papiersorten und originellen Bastelideen.
ISBN 3-473-**41073-X**

® Ravensburger